どんな組織も
必ず結果に導く

「神」リーダーシップ

LEADERSHIP IN THE ZONE

超高額コンサルタントが明かす

技術経営コンサルタント
三木相煥
MIKI SOKAN

実務教育出版

「神」リーダーシップ

推薦の言葉

組織の大小や目的によらず、その活動の成否はリーダーの能力に強く依存している。三木氏は、彼が出会いその幅広い交流を通じて多くの影響を受けた、組織を成功に導く1000人のリーダーの持つ無比の能力を「神」リーダーシップと呼ぶ。本書では、彼自身の持つ豊富な経験と1000人のリーダーの能力の分析から「神」の力を分かりやすく読者に伝えている。「神」の力を求める多くの人々にとって、本書は福音である。

株式会社ＳＵＭＣＯ　取締役副社長　降屋久

厳しい企業間競争を勝ち抜く上で、優れたリーダーを得ることは極めて重要です。本書はリーダーシップとは何か、優れたリーダーを養成するにはどうすればよいかについて、著者の幅広い実戦経験に基づいて書かれたものです。長い間ビジネスパートナーとして一緒に仕事をやって来た人間として、共感を覚える部分が多々あります。すでに管理職である人も、あるいはこれから管理職になる人も、ぜひお読みになることをお薦めします。

住友電気工業株式会社　元常務執行役員　横川正道

はじめに――「神リーダー」が求められる時代

「なかなか部下が育ってくれない……」
「部下が自分の思いどおりに動いてくれない……」
「上司をうまく説得できない……」

あなたも、そんなことを感じて、この本を手にとったのではないでしょうか。
でも、安心してください。本書が、その悩みを根本から解決します。

今まで、中間管理職・マネージャー職の悩みといえば、純粋に「仕事」に関わるものがほとんどでした。しかし、企業にとってダイバーシティ(多様な働き方)の推進が速度を増しつつある今、自分より年齢や経験が上の人間をマネジメントしたり、海外からの人材を活用する必要に迫られるケースや、親の介護や育児を行う社員のために、部署全体でプライベート上の配慮をしなければならない状況が増えています。

こうした状況下で、「リーダーとして、どのように行動すべきか」と悩む方が増えているのです。

現在、「真のリーダーの不在で日本の国力が落ち込んでいる」と言われて久しいですが、企業が大きな付加価値を生み出すためには、革新的なビジョン（目的）を描き、目的をさらに細分化した目標に向かって部下を導くトップとリーダーの存在が不可欠です。しかし、不況が続いたことでそういったリーダーが不在となり、社員の視点が近視眼的になってしまいました。そして、目先の利益だけを追い求めた結果、企業収益を大きく損なってしまっている状態が長く続いているのです。

自ら安全にかかわる製品を販売しているにもかかわらず、目先の損失に捉われ、顧客をおろそかにする対応をしてしまったタカタ。

目の前のインセンティブに捉われ、不適切な会計を繰り返していた富士ゼロックス。

同じように近視眼的な利益至上主義に陥り、トップ自ら利益操作に関与したと言われる東芝。同社に至っては、日本の主力産業である半導体事業を海外へ売却しなければならない事態まで招いてしまいました。これはまさに「窮地」と呼ぶべき事態です。

私が考えるリーダー不在の最大の原因は、「日本では、きちんと正しいリーダーシップを学ばないまま、リーダーの地位に就いてしまっている」という事実です。

日本では多くの場合、部下やスタッフの育成を行いつつ、「プレイングマネージャー」として結果も求められます。そのため、自身のストレスのはけ口として部下やスタッフに辛くあたったり、結果だけを求めて過程を重視しない「鬼リーダー」を正解と考える人も少なくありません。

また、現状維持をよしとする「ダメリーダー」が多いのは言うまでもありません。こうした状況に対し、各企業で効果的な対策ができていない場合がほとんどです。

しかし、リーダーが正しくチームを導くことができなければ、日本の未来は成り立ちません。少子高齢化が例を見ないスピードで進行しつつある今、企業が新たな付加価値を生み出していくためにも、「次世代型」リーダーの登場が望まれているのです。

職場で総スカンをくらう鬼リーダーや部下に見下されるダメリーダーがいる一方、世の中には、非常に高い生産性で経営トップからも信頼が厚いリーダーが存在します。

そのようなリーダーの中には、一人で何百人もの部下を統率し、会社のあらゆる部署の問題に精通し、問題に対し的確な解決策を提示し続ける、超人的なリーダーがいます。それゆえに、**会社の中であらゆる社員から支持を集め、周囲から神のように慕われている。そんな真のリーダーを、私は「『神』リーダー」と名づけました。**

鬼リーダーとダメリーダー、そして神リーダー。もともと入社当時は同じ一社員だったのに、なぜ、こうも大きな差がついてしまうのでしょうか。

ポイントは、実はシンプル。それは、「仕事の見方・考え方・捉え方」の差にほかなりません。それ次第で、1人の部下も統率できないダメリーダーにも、何百人もの部下を統率できる神リーダーにもなれるのです。

なぜ、そのようなことがいえるのか。それは私が、一部上場企業含め約2000社、1万人以上の役員・部課長と出会い、中でも特に優秀な約1000人の神リーダーと話す機会を持つことができ、自分もそうなれるよう努力し続けているからです。

ここで少し、私の自己紹介をさせてください。

私は大学卒業後の1983年、耐熱性、高強度、熱伝導性に優れた「等方性黒鉛」という高機能カーボンで、現在世界シェアトップの東洋炭素株式会社に入社しました。

今は東京・大阪など全国に8の営業所があり、アメリカ・ドイツ・イタリア・フランス・中国・韓国などに15の海外現地法人を持ち、社員数約2000名の東洋炭素も、当時は営業所も東京・名古屋・大阪の3カ所だけ。香川県に製造拠点を持つ、社員数約200名の炭素メーカーでした。大卒の同期は私を含めて3名しかいなかったため、幹部候補生として新入社員ながら、職場のリーダーになる機会に恵まれました。

入社3年目で主任になり、2名の部下を任されました。入社8年後には、アメリカ現地法人へ出向。私は、エンジニアリング・マネージャーとして、日本本社から出向した社長と二人で、現地スタッフ約150名のマネジメントに従事しました。

4年後に帰国してすぐ、製造課と新素材開発プロジェクト部門課を兼務する形で課長代理に任命され、約50名の部下のマネジメントを担当することになりました。

さらにその3年後には、製造部、エンジニアリング部、新素材開発プロジェクト部門の部長を兼務し、部下は約２６０名にまで増えました。２００３年には営業担当の執行役員に就任し、２００６年には生産担当執行役員として、約６００名のマネジメントを担当しました。会社の成長を見届けた後に円満退社した現在、経営・技術コンサルティング会社を立ち上げ、代表として活動しています。

自分の中間管理職時代を改めて振り返ってみると、肩書き以上に、常に経営者の立場で物事を考え、実行し、マネジメントを行ってきたということに気がつきます。

常に一歩先の視点から仕事をしてきたおかげで、リーダーが抱えがちなさまざまな問題を、高い確率で解決することができ、その経験をもとにさらに自己成長し、会社員として役員クラスまで昇りつめることができたのだと考えています。

それは決して自分の能力や努力だけではなく、むしろ２０００社、１０００人の神リーダーから学ぶところが大きかったと思います。だからこそ、問題を抱え、悩んでいる中間管理職は、真のリーダーシップを身につけるべきだと思うのです。

エリートが集まる東証一部上場の大企業であっても、リーダーの誤った決断によって致命的な不祥事が露呈し、経営破たんに陥っている例も報じられています。そうした問題が起きる原因も、日本に真のリーダーが少ないからにほかなりません。

本書を手にとってくださったマネジメント層またはその予備軍の方々が「神リーダー」のスキルを身につけることで、必ず、日本も元気になると確信しています。

2017年10月

絆コーポレーション株式会社　代表取締役

三木相煥

第1章

なぜ、あなたの部下は育たないのか

第2章

まず、「神」の視点を手に入れる

第3章

自分の仕事を7割任せる「神」マネジメント

「責任はとるから思い切りやってみろ」と言う勇気 201
上司を上手にマネジメントする技術 202

第4章

どんな相手でも必ずYESと言わせる「神」交渉術

第5章

会社の利益を無限に伸ばし続ける「神」チームづくり

第1章

なぜ、あなたの部下は育たないのか

あなたは実は、部下を育てていなかった

私のクライアントの中間管理職の方々から、最近「部下が育たない」とか「部下が思い通りに動いてくれない」という意見をよく聞くようになりました。

しかし、話をよくよく聞いてみると、育たないと嘆く以前に、「そもそも部下を育てられていない」ということが明らかになってきたのです。

２０１６年に産業能率大学が実施した「上場企業の課長に関する実態調査」によると、「課長として悩みを感じること」上位5項目を挙げてもらったところ、「部下がなかなか育たない」が42・7%で1位だったことがわかりました。前回調査比で0・9%増で、年々この悩みが広がっていることがわかります。

部下がなかなか育たないので、自分の仕事は増えるばかり。リーダーを辞めて、元のプレイヤーに戻りたいという人も4割に達するありさまです。このままでは日本のリーダー

は絶滅してしまうといっても過言ではありません。

Point

部下が育たないと嘆く前に、自分で指導して部下を育てる

部下が思い通りに動かない本当の理由

「部下を育てる」と聞いて、皆さんはどうイメージしますか？　トップダウンで仕事を与え、こなせるように尻をたたき続けることでしょうか。それとも、ボトムアップ式に部下の意見を汲み取りながら、チームで仕事を分担して業務を遂行することでしょうか。

実はそのどちらも、部下を育てているとは言えないのです。

昨今は企業コンプライアンスの問題で、部下に対して腫れものに触るように対応する上司を見かけることがあります。無用なリスクを避けるためにそういう対応をしてしまうのかもしれませんが、それでは、もちろん部下は育ちません。

かといって、旧態依然として怒鳴ったり、罰を与えたりすればいいという問題でもありません。

部下の意識を改革するために、叱ることは時には大切です。しかし、本当の意味で部下を育てるというのは、リーダーまたは彼ら自身が決めたゴールに、彼らを導いてあげることなのです。

私たちが仕事において目標に向かって行動する時、さまざまな選択肢の中からたった一つを選ばなければいけません。本当に優秀なリーダーは、その時に巧みに部下が決断する手助けができます。

自分は選択肢を狭めるのに必要なビジョンを描いてみせ、語ってみせる。あくまで選択するのは部下自身ですから、ロイヤリティも高まるというわけです。真のリーダーは、叱るのではなく激励を戦略的に用い、目標に向かって、うまく部下を導いています。

Point

部下が思う通りに動かないのは、何をすべきかを決めた上で導いていないから

井村ジャパンが銅メダルを量産できるようになった理由

一つ、分かりやすい例を挙げましょう。

2017年7月、シンクロナイズドスイミングの世界選手権がブダペストで開催され、日本はチームテクニカルルーティンで銅メダルを獲得。この結果、日本のシンクロチームは、リオ五輪での銅メダルに続き、2大会連続メダル獲得を果たすことができました。

2004年のアテネオリンピック後に井村雅代ヘッドコーチがチームを去ってから、日本勢はメダルが取れず苦しんでいましたが、井村コーチが戻ったことで、再びメダルを獲得することができたのです。

メダル獲得は、もちろん選手一人ひとりの努力があってこそですが、そこには間違いなく井村コーチの神リーダーシップがあったと私は考えています。

井村コーチといえば、厳しい言葉で選手たちを叱咤激励することで知られています。2017年の世界水泳の時も、他の種目で連敗が続く中、予選を終えた選手たちを午後10時に集め、あえて次のような言葉を放ったそうです。

「人生賭けて泳いでこい！　ここで（連敗を）止めないと日本のメダルはゼロになる！」

普通、そんな厳しい言葉で発破をかければ、選手たちは逆に萎縮してしまうものですが、彼女たちは違いました。井村コーチの言葉で一念発起した彼女たちは、本番で素晴らしい集中力を発揮し、見事、銅メダルを獲得したのです。

シンクロナイズドスイミングでは、一度ついた審査員の評価を覆すのは難しいといわれます。リオデジャネイロオリンピックでは、井村ジャパンはライバルであるウクライナを下しましたが、7月の世界大会では、ソロとデュエットの両方でウクライナの点数を下回っていました。

そこで、井村ヘッドコーチは、あえて前述の言葉を選手たちに投げかけました。「今までやってきたことを信じ、全力で表現するしかない」と伝えたのです。

外側から状況を見ている私たちには、単に選手を突き放しているだけではないかと思えるものです。しかし、選手本人たちにとっては、一つの道を提示してくれた井村コーチに感謝し、迷いを振り切ることができたに違いありません。

井村ジャパンの普段のトレーニングでは、厳しい言葉だけではなく、時には笑いや冗談も飛び交うそうですが、オリンピック本番では、「メダルを獲得する」というシンプルな目的のために必要なメッセージを考え抜き、「ここぞ」というタイミングで選手たちを激励したのです。目標達成のために、適切なアメとムチでチームを導いていく。それが神リーダーシップの真髄と言えます。

Point

井村ジャパンが銅メダルを量産できるようになったのは、「メダル獲得」という明確なゴールを設定したから

「神リーダーシップ」とは何か

神リーダーシップについて詳しく語る前に、「リーダーシップ」と「マネジメント」の違いについて、少しお話ししておきましょう。

２０１６年に20歳から59歳の男女８５１名を対象に行われた「リーダーシップ調査」（オウチーノ総研調べ）において、リーダーに最も必要な能力が挙げられています。

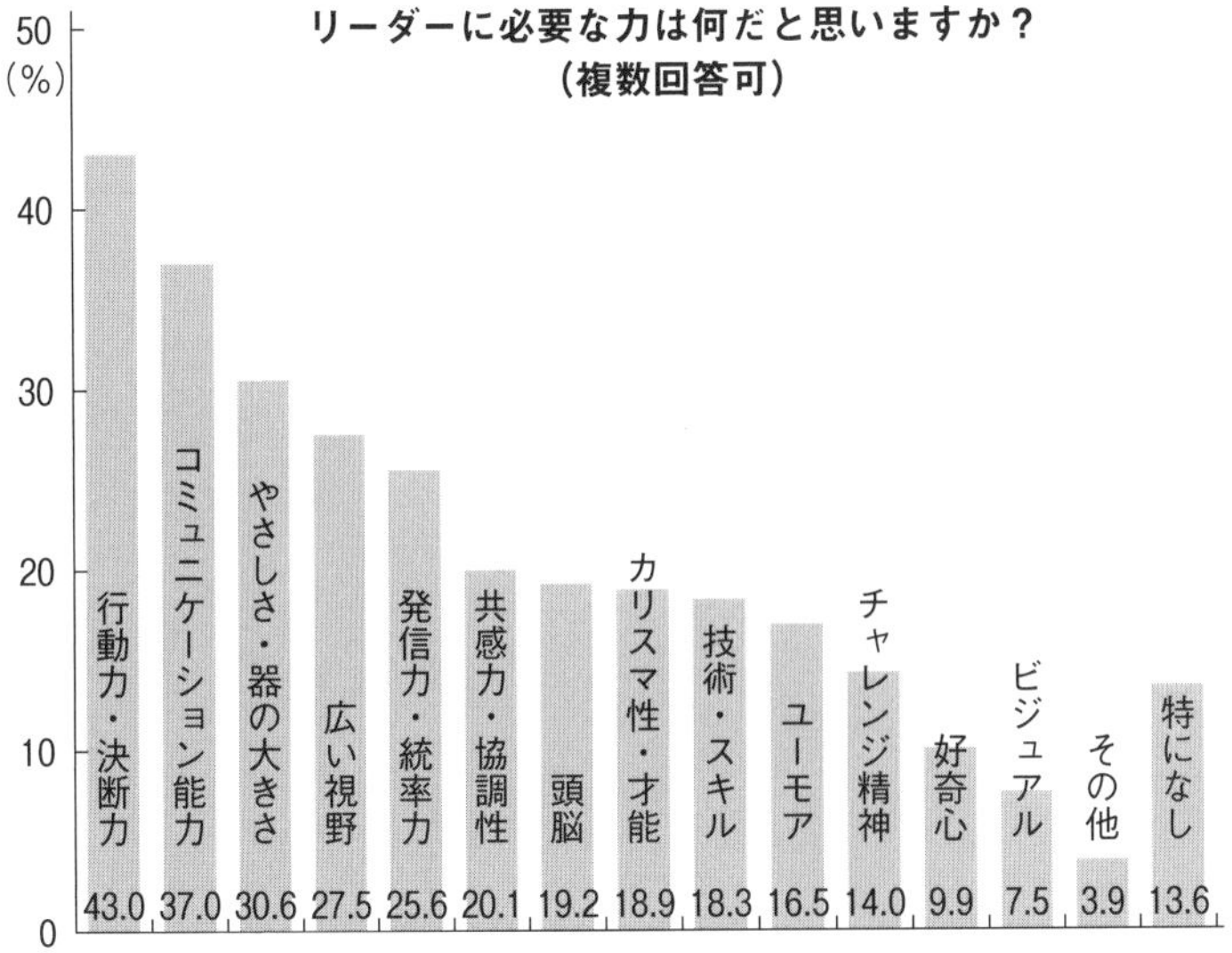

上位3つは、決断力と行動力（43%）、コミュニケーション能力（37%）、優しさ、器の広さ（30・6%）という結果になりました。

この調査結果が示すように、優れたリーダーシップとは、井村コーチも行なっていたように、より良い未来に向けて目指すゴールを決め、メンバーを励ましと行動によって一致団結させ、導くことだと言えます。

そして、より良いゴールを描くためには、チームすべてのメンバーの話に、「公平に」耳を傾ける傾聴力が不可欠です。

なぜ、そのような公平さを重視したコミュニケーションが必要なのでしょうか。実は、それが最もチームのパフォーマンスを上げることにつながる科学的根拠があるからです。

具体例を挙げましょう。

検索エンジンの最大手であるグーグルには、「人材分析部門」という部署があります。組織のパフォーマンスを分析し、最適な組織づくりを科学的に調査する部門ですが、その部署で2012年から行われている社内プロジェクトがあります。それが、「プロジェクト・アリストテレス」です。

世界中のあらゆる企業の優れたチームの要因を、人物の性格やチームの状態などあらゆる観点から分析した研究結果が2016年に発表されました（What Google Learned From Its Quest to Build the Perfect Team)。

その結果、優秀なチームには、正しいルールがあることがわかったのです。

それは、「チームのメンバー全員に発言する機会が与えられている」ということでした。

つまり、民主的であるチームほど優れたパフォーマンスを発揮する可能性が高く、一部の人が何でも決めてしまうチームは、総合的なパフォーマンスが低くなるということが分かったのです。

「誰にでも発言する機会がある」というルールは、メンバー間の安心感を生み出し、チームの長所が発揮されやすい状態を創り出します。ですから、リーダーにはメンバーが自由に、平等に発言する機会を作ることが必要になるのです。

チームと個々人で達成すべき目的・目標を決め、民主的にチームを動かしながら行動を促すこと。これができれば、厳しい激励を投げかけても、時と場合、状況をうまく計算することで、部下は素晴らしい成果を生み出してくれます。

一方、マネジメントは、リーダーシップとは本質的に異なる概念です。私が考えるリーダーシップとマネジメントの定義は、次の形です。

・リーダーシップ……組織を「目的・目標達成」に導く能力
・マネジメント……経営と組織を「管理」する能力

船での仕事に例えるなら、より大きな（利益が見込めそうな）陸地、つまり目的を見極め舵取りをするのがリーダーシップ、目的地に着くまで船員の体調が崩れないよう、食料が尽きてしまわないようなしくみを作るのがマネジメントと言えます。

マネジメントで最も重要なことは、チームメンバー個々人の能力を発見・発掘し、活用する能力です。

優れたマネージャーは、各メンバーの長所・短所を把握し、お互いが長所を生かし合い、短所をカバーし合えるよう適材適所に配置する能力に長けています。

一方、優れたリーダーは、各々の長所が最も良い形で発揮できるよう目的・目標を設定し、それを達成できるように支援しながら指導することに長けています。

マネージャーは、いわば企業（のトップ）と働いている個々人との間の調整役。マネジメント能力を十分に発揮するためには、会社組織が正しく機能している状態が求められます。

しかし現在、多くの企業の組織は機能不全に陥っており、パワハラやセクハラなど、い

神リーダー＝リーダーシップ×マネジメント力

リーダーシップ…組織を目的・目標達成に導く力

マネジメント……経営と組織がパフォーマンスを最大限発揮できるよう管理する能力

リーダーシップとマネジメントは車の両輪。
どちらが欠けても神リーダーになることはできない

びつなマネジメントの形が散見されます。そのような状況下では、いくらマネジメントを強化しても、会社のパフォーマンスは一向に上がりません。

そこで注目したいのが、私の提唱する「神リーダーシップ」です。

神リーダーシップとは、リーダーシップとマネジメント2つの能力を掛け合わせたリーダーシップを意味します。すなわち「達成すべき目的と目標を見つけ出し、チームを導く能力」と、「メンバーとの信頼関係を創り出し、それぞれの能力を120％出し切る環境を整える能力」を兼ね備えた能力です。

Point

神リーダーシップとは、「達成すべき目標や目的、ゴールを見つけ、チームや組織を導く能力」と、「メンバーとの信頼関係を創り出し、メンバーの能力を１２０％出し切る能力」を掛け合わせたもの

今、現場に必要なのは神リーダーシップ

大量生産・大量消費の時代が終わりを告げ、日々、顧客のニーズやウォンツが細分化・高度化しています。このような状況の中では、最前線に立つ社員一人ひとりが経営者目線で自発的に動き、チーム一丸となって事態に対処しなければ、競合他社に勝つことはできません。

部下がなかなか育たなかったり、思い通りに動いてくれないなどといった、中間管理職が抱えている問題がいつまでたっても解決しない現状に、多くのリーダーが歯がゆく感じ

ているはずです。しかし、真実は常にシンプルです。

彼らリーダー自身がリーダーシップを発揮できていない。その事実が問題なのです。

いわゆる「コーチング」と呼ばれる手法を用いて、部下の気づきを引き出す質問を行ったり、親身に傾聴することで部下の長所を見つけ、伸ばしていくマネジメントは確かに必要です。しかし、その本質を理解できている人は多くないと感じています。

いつの時代も、企業にとって本当に大切なのは、経営目的であり、経営目標です。企業にとって最もシンプルな「目的」は年間売上と利益の前年越えであり、「目標」は月間売上と利益の前年越えです。その目的・目標をチームの力で達成するために、個々人をナビゲートするコーチングというスキルがあるのです。

しかし、いつまでに、どういう手段で、何のためにどの能力を伸ばしていくのか、そして、パフォーマンスをどれだけ上げれば、目標収益を達成することができるのか、目の前の従業員の能力を上げれば、会社全体としてどういうパフォーマンスを生み出せるかが、現場で共有されていないケースが私のコンサル先で非常に多く見受けられます。

最優先されるべきは小手先のマネジメントではなく、あくまで目的とそれを細分化した目標。つまり、ゴール地点とそのマイルストーン（ゴールまでの中間指標）を決め、それらに導くためのリーダーシップなのです。

Point

今、働く現場には、ゴール地点とマイルストーン（中間指標）を決め、それらに導くためのリーダーシップが必要

ゴールや目標が見出せなければ部下は動けず、成果も出ない

先ほど例に挙げた井村ジャパンが成功した理由も、ゴール地点を明確にしてチームを導くリーダーシップがあったからこそだと私は考えています。

仮に井村さんが選手のマネジメントだけに注力していたら、おそらくメダル獲得は難し

かったでしょう。向かうべき目標がはっきりしていなければ、選手たちはどのように戦っていいのかわからず、常にがむしゃらにならざるをえなくなってしまうからです。目指す体型が決まっていないのにダイエットをしても、効果が得にくいのと同じです。

井村コーチが「メダル請負人」と称されるのは、「メダルを取る」という明確な目的を達成するためにチームに必要な能力を分析するマネジメント力と、目的を細かな目標に落とし込み、それに向けてチームを導くリーダーシップに定評があるからです。

井村コーチがチームを去ってから、日本が不振に陥った本当の理由は、「何のために練習するのか」という目的が選手の間で共有されていなかったために、気のゆるみが生じてしまったのではないかと私は考えています。

「今のチームの実力であとどのくらい練習すれば、メダルが取れるのか」

向かうべきゴールと目標が明確にならなければ、日々の練習もあやふやになってしまい、力をどの練習にかけるべきかが定まりません。メダルを取った成功体験がないチームであれば、なおさらです。成功体験がないために、努力の先にある風景が想像できず、メンバーの士気も下がっていってしまうのです。

こうした問題は、マネジメントだけでは解決できません。適切なリーダーシップでビジョンを描いてこそ、解決可能な問題なのです。

2014年に日本代表に戻った当初、井村コーチもそのことを痛感したそうです。選手たちは各自バラバラに練習していて、練習ではすべての力を発揮せず、「練習用の自分」と「試合用の自分」を使い分けていたといいます。

そのことを選手に注意しても、返事だけはいいものの、何も改善されないことに愕然としたと語っています。これは、スポーツの世界だけではなく、現在のリーダー誰もが抱えている悩みではないでしょうか。

そんな逆境に終止符が打たれたのが、2015年の世界選手権でした。この大会で、日本は4大会ぶりにメダルを獲得したのです。この成功体験によって、選手たちの意識が大きく変わり、井村コーチと選手との間に固い絆が結ばれたといいます。

Point

成果を出すには、明確なゴールを設定し、メンバーを信じてチームを導いていかなければならない

ゴールを描こうとせず対処療法に終始した、ある巨大メーカーの末路

状況が刻一刻と変化し、企業収益もスピード感が大切であるにもかかわらず、ビジョンと方向を示すリーダー不足により、多くの会社で迷走が続いています。それは、ビジョンを描くリーダーシップがなければ決して解決できない問題です。

2017年6月に経営破たんした、シートベルトやエアバッグなどを供給する自動車安全部品メーカーのタカタも、そのような企業の典型的な例です。

同社には、組織をうまくマネジメントする優秀なマネージャーは多くいたかもしれませ

ん。しかし、確固とした目的や目標を掲げ、導くリーダーは果たして存在したのかと考えると、首をかしげざるを得ません。

滋賀の繊維問屋から始まったタカタは、独自の技術による安全性の高い優れたエアバッグメーカーとして、世界第2位のシェアを占めていました。ところが、そのエアバッグに使われている火薬が一定の条件下で劣化し、暴発することが判明したのです。

2008年から始まったタカタ製エアバッグのリコール（回収・無償修理）は、まず、タカタの得意先であるホンダの北米工場で生産された車両で行われました。当時は、不具合の原因がエアバッグ自体ではなく、北米工場のずさんな品質管理にあると考えられていたためです。そこで、ホンダは北米に限定したリコールを行いました。

ところが、その後、製造工程に問題ないはずのタカタ製エアバッグにまで不具合が相次ぎ、それによって死亡事故も発生することになります。ここに至り、ホンダだけではなく、他の自動車メーカーも、徐々にリコールの対象範囲を拡大することを決めたのでした。

2014年11月、リコールを全米に拡大するよう要請したのは、米運輸省高速道路交通安全局（NHTSA）でした。製造工程に問題ないはずの他地域での不具合を受け、同局がメーカーのタカタに要請したのです。

しかし、タカタは「原因が特定できていない」ことを理由に、全米へのリコールの対象拡大に消極的な姿勢を取りました。リコールを決めるのはメーカーの権限であり、リコールすることになれば、当然、莫大な費用がかかります。

タカタも、この事態を傍観していたわけではありませんでした。アメリカ当局やホンダの調査にも全面的に協力し、積極的に情報開示していたのです。また、自主的に第三者機関に調査依頼を行なっていました。不具合の原因究明に向け、企業として最大限の努力を行っていたのです。

ところが、この問題に対していつまでたっても明確なゴールや期限を示さないままにしているタカタの方針が、結局は各自動車メーカーの信頼を失わせることになってしまいました。各社は自主的にリコールを行うことを決断したのです。

Point

皆にゴールを見せずに対処療法に終始すると、会社の存続まで危うくなる

遅きに失したリコールの決定

NHTSAの勧告があってから、およそ半年後の2015年5月。タカタの米国子会社が、記者会見を行うとともにNHTSAに対し、欠陥報告書を提出しました。その中で、高温多湿の環境に長期間さらされた場合、部品に不具合が発生する可能性があることを認め、全米規模でのリコールに合意したのです。

ところが、エアバッグの不具合の根本的な理由については、未だ原因がわからないまま。独自技術である火薬の見直しについては消極的な態度を取り続けた結果、消費者の信用を失う結果となってしまいました。

そして、2015年11月、タカタの最大顧客であるホンダが、米国でタカタ製エアバッグを今後一切使用しないと発表。欠陥エアバッグのリコール対象は全世界で1億台を突破。タカタの経営に急速に暗雲が立ち込めることになりました。

結局、リコール費用が経営を圧迫し、タカタの2017年3月期の連結最終損益は、795億円の赤字。リコール費用と合わせて1兆7000億円の巨額負債となり、戦後最大の倒産を招いてしまったのです。この倒産によって、下請け企業と合わせて6万人の生活を奪ったことになります。

それにつけても、事件の推移を見ていて疑問に思うのは、同社は何のために不具合の原因を追求し続けたのか？　ということです。

不具合に至った客観的な事実を追求することはもちろん大切ですが、そのために会社の経営が破たんしてしまっては、何の意味もありません。「会社組織を守るためのマネジメントは、最悪の結末をもたらす」という見本となってしまいました。

それよりも、速やかに全米のリコールに応じ、顧客の信頼を回復するためにとるべき対応をアナウンスすべく、リーダーが背水の陣で陣頭指揮をとっていれば、結果は大きく変わったのではないかと思えてなりません。

Point

顧客の安心・安全を第一に考えてゴールを決めないと、致命的な結果を招いてしまう

メンバーに見えないゴールを見せるのがリーダーの務め

一方、企業の危機に際してトップが正しいリーダーシップを発揮することで、企業を救うだけではなく、大きなビジネスにつなげることのできた事例もあります。

1982年9月、アメリカのイリノイ州シカゴで、解熱鎮痛剤タイレノールの服用による死亡事故が大量発生しました。原因は、悪意を持った犯人によるシアン化合物の混入であることが後に判明しますが、事件発生当時は、犯人も原因も見当がつかない状況でした。
ところが、死亡事故が発生した当時、タイレノールを製造していたジョンソン・エンド・ジョンソン（J&J）は、即座に全米の店頭から製品をすべて回収し、生産を停止しました。これを受けて、同社の株は一気に急落。株主からも「原因がまだ判明していないのに、なぜ回収するのか」と、批判が相次ぎました。それにも関わらず、当時のCEOジェームズ・パークは、全米の自社製品の回収を決断しました。つまり、前述のタカタとは真逆のことを行ったのです。

後に、なぜそのようなことをしたのかと聞かれた彼は、毅然として「正しいことを行ったまでです」と答えたのでした。

言うまでもなく、彼がその時全米の製品回収を決定しなければ、J&Jもタカタと同じような結末をたどっていたかもしれません。しかし、彼の高い基準による英断によって会社は倒産を免れ、消費者から今も変わらぬ信頼を得られているのです。
この一件は、「安全や安心を提供する会社」というゴール（目標）をリーダー自身が行動で示したことで、社員や協力会社、そして消費者も安心してついていくことができた好例といえます。

私の営業担当役員時代、東証一部上場の大手顧客に対し、品質問題によるクレームが発生したことがあります。その時に、問題の原因をスピーディーに解明し、顧客に対し製品の問題点を素直に認め、恒久対策を万全に施したことにより、その顧客から「信頼の置ける会社だ」と、その後の注文量を倍にしていただいたことがあります。

何も、特別なことをしたわけではありません。弊社のミスで顧客に迷惑をかけてしまったので、真摯な姿勢でお詫びし、できるだけ早く解決策を提示しただけなのです。

大手重要顧客ということもあり、リーダーによってはややもすれば、注文が大幅に減ることを恐れ、時間をかけてとり繕いがちになってしまいます。私はそのように、目先の対応で失敗する会社をいやというほど見てきました。それは、両社にとって決してwin-winの関係にはなりえません。

そこで、クレームが発生した時に、パートナーシップのある会社としてまずすべきことは、次の４つです。

❶24時間以内に顧客訪問する。距離的に訪問できない場合、電話でVIP対応する

❷顧客の立場に立って真の原因を究明し、その対策をスピーディに構築する

❸会社対会社だけでなく、担当者および責任者の立場を考え、真摯に対応する

❹問題点が解明された場合、問題を問題とはっきり認めた上で、二度と起こらないよう恒久対策を打ち立てることに重きをおく

多くのマネジメント偏重型の管理職は逆境に陥った時、向かうべきゴールや目標を見失い、遭難してしまいがちですが、神リーダーは経験・勘・度胸をフル回転させてゴールを示し、死にもの狂いでメンバーを導きます。現時点では見えないゴールや目標を予見する洞察力と、ゴールが間違っているとわかればすぐに修正する勇気を持ち合わせているのです。

Point

神リーダーは、逆境に陥った時でも、先読みにより可能な限りゴールを可視化しチームを引っ張っていく

神リーダーは部下の仕事のストレスを軽減し、退職者を減らす

メンバーに明確なゴールを見せることで仕事のストレスを軽減し、結果的に大幅に退職者を減らすことができたリーダーシップのケースがこちらです。

ある金融機関のサポートセンターは、日々、顧客からのクレーム電話を受けていました。サポートチームのメンバーは、顧客からの暴言や罵りによってストレスのピークを迎え、次々と退職していきました。ところが、ある部門長がその職場の状況を一変させたのです。

彼が行ったことは、仕事のゴールをメンバーに再認識させたことでした。

ある朝、彼はチームミーティングで、4歳の息子の話をメンバーに聞かせました。

「私の息子は暗闇を怖がって、なかなか一人で寝てくれなかった。でもある日、子ども部屋のドアを少し開けておいたら、廊下の光で、息子はすっかり安心して寝付いてくれたんだ。

それは、私たちとお客様の関係と同じだと思う。サポートを依頼するお客様は、不安でナーバスになっている。そこで私たちが、「ドアの隙間から入る一筋の光」のような安心感を提供する。それが私たちの存在理由なんだ。必ずしも技術的な問題を解決することだけが私たちの仕事じゃない」と。

このミーティングをきっかけに、サポートセンターの退職者は激減したといいます。メンバーの向かうゴールを明らかにして、皆のメンタルケアを行いながら導いていく。これも、神リーダーシップの一つの形です。

Point

神リーダーは、メンバーをゴールに導く上で、部下のメンタルケアも怠らない

現代の中間管理職は近視眼的になりすぎている

これまでお話ししたように、中間管理職がリーダーシップを発揮できない最も大きな原因は、リーダーの視点がマネジメントに偏り過ぎていることにあると私は考えています。一流のマネージャーは組織の潤滑油であることが欠かせませんが、人手不足によりプレイングマネージャーが増えているために、目の前の仕事をこなすことに精一杯になってしまい、ものの見方が保守的かつ近視眼的になってしまっているのです。

この症状を改善していくためには、管理職（リーダー）の視点を経営者（神リーダー）の視点に引き上げることが不可欠になってきます。

リーダーとして部下を指導する立場にある皆さんは、今後の、自分のポジショニングに対してどのような展望を持っていますか。独立を視野に入れている方は別として、例えば「必ず役員以上になってみせる」といった高い目標を持って仕事に邁進している人は、一体どのくらいいるでしょうか。

部下が思い通りに動かないと考えているリーダーに限って、明確な展望を持っていないものです。そういうリーダーが部下をどのように扱うのか、だいたい想像がつきます。「自分が今いる地位を守れればいい」と考えている人がほとんどなので、部下に渡す仕事は、自分の下請け作業もしくは丸投げ作業。これでは、部下が素晴らしい成果を出すのは、よけい難しくなってしまいます。

もちろん、リーダーの中には高い基準で日々の仕事に取り組んでいる人もいるでしょう。ところが、そういう人に限って日々の仕事を処理するのに手一杯で、自分の手からあふれた仕事を具体的な指示なく、無意識のうちにほぼ丸投げ状態で部下にやらせるようになってしまっている人も少なくありません。

私も昔は勘違いしていたのですが、**部下は上司の「行動」を信頼するのであって、「言動」を信頼するのではありません。**部下からすれば、上司が自分の仕事をこなすことで精一杯であることは、行動を見ていれば誰でも理解できます。

だからといって、上司が手をつけられなくなった仕事、上司の手からあふれた仕事、いわゆる、「部下が責任を取りたがらない仕事」を上司の思い通りに処理しろと言われても、無理というものでしょう。

Point

現代の中間管理職は近視眼的になっているので、経営者の視点に引き上げることが大切

自分も部下も救う神リーダーシップ

日々、部下を指導し、会社の収益を上げるために知恵を絞り、さらに自分の仕事のパフォーマンスまで向上させなければならない中間管理職。問題があまりにも山積していて、前に進めなくなっている人も多いと思います。

でも、安心してください。本書でこれから紹介する「神リーダーシップ」を身につけることで、その問題の99％は解決します。

神リーダーシップを身につけることで、次のことができるようになります。

- **毎日仕事に追われ、プライベートの時間が持てない人……定時帰宅が可能になる。**
- **部下が思うように動かない人……部下が面白いように動いてくれる。**
- **出世したい人……自然と出世して収入を上げることができる。**

神リーダーシップは、組織のリーダーである前に、まず「自分自身のリーダー」であることを目指します。自分で自分自身のゴールを設定できない人が、他人を導くことなどできるわけがないからです。

社内にいる一人ひとりの社員は、優秀な人が多いものです。しかし、社内にどんなに優秀な人材がいても、その人材を生かせる場所を創造したり、ゴールまで導くことのできる人材がいなければ、組織のパフォーマンスを高めることは難しいでしょう。

それを解決するのは、組織の調整を意味するマネジメントではありません。高度のマネジメント能力とリーダーシップを備えた「神」リーダーなのです。

Point

神リーダーシップを身につけると、仕事が楽しくなり、理想的なワークライフバランスを実現することができる

第2章

まず、「神」の視点を手に入れる

神リーダーシップを構成する3つの力

第1章では、現代の企業にとってリーダーシップがいかに必要であるか、そして答えのないビジネスにおける、自分自身へのリーダーシップの重要性についてお話ししました。

本章では、いよいよ神リーダーシップの具体的なスキルをお話ししていくわけですが、その前に、神リーダーシップがどのような要素から成り立っているのかを説明しましょう。

神リーダーシップは、次の3つのビジネススキルによって構成されています。

第一のスキル……「先読み」力

先読み力とは、これから起こりうる出来事や人の思い、考え方を先読みして対処する力のこと。「俯瞰力」とも言い換えられます。目の前の出来事だけでなく、視点を引き上げて仕事を「俯瞰」することで、これから起きる出来事を予測しやすくなります。チームを

神リーダーに欠かせない3つのスキル

❶「先読み」力（俯瞰力）

起こりうる出来事やトラブルを先読みし対処する力

❷「決断」力

目的・目標への正しい選択肢を選び取る力

❸「適応」力

どんな環境においても適切に対応する力

ゴールへ導く際にはさまざまな障害がつきものですから、先読み力は神リーダーに必要な資質として最も優先すべき力になります。

私も、新素材開発プロジェクト部門の責任者の時に、「新素材の開発」というゴールまでの課題を先読みにより抽出し、それらを開発チームメンバー全員で解決することにより、開発期間を半減できたことが幾度となくあります。

第二のスキル……「決断」力

決断力とは、先読み力によって得られた情報を元に、適切な判断に基づき進むべき道を決断する力のことをいいます。「目標への正しい選択肢を選び取る力」とも言い換えられるでしょう。向かうべきゴールは明確であっても、それに至る道筋や方法は通常複数あります。それが間違っていれば、いつまでたってもゴールにはたどり着けません。

ビジネスは選択の連続です。限られた時間と情報でゴールに向かうために、本当に必要なものを見抜く力を決断力と呼ぶのだと私は考えています。

私が製造部、エンジニアリング部門、新素材開発プロジェクト部門、新工場建設プロジェクト部門の計4部門の責任者を兼務していた時は、スピーディな決断が不可欠でした。以前から、会議における創業社長の結論の出し方を分析し「自分ならどういう結論を出すだろうか」と比較・シミュレーションする訓練を繰り返していたため、その頃には、スピーディかつ会社にとって最適な結論を出すことができるようになっていました。

第三のスキル……「適応」力

適応力とは、どのような環境においても柔軟に対応できる能力のことです。バランス感覚ともいえるでしょう。ゴールに向かう道は、必ずしも平坦なものではありません。山あり谷ありで、状況によっては悪天候で道が閉ざされていることもあります。その道を通らなければいけないという考えに固執していれば、チームが危機にさらされるケースもあるのです。

朝令暮改ではありませんが、方向性さえ間違っていなければ、状況を適切に判断して現段階でベストな道を選び取る、その力こそが適応力です。

2008年のリーマンショックの時、私は営業担当役員でした。当時は本当に経済環境が厳しかったのですが、「売上が落ち込むのは当たり前と思わず、不況の時こそ絶好のビジネスチャンスと思え」と具体的な顧客戦略とともに、営業本部員全員に指示を出し、同業他社と比較しても好決算で不況を乗り切ることができました。

Point

神リーダーシップを構成する3つの力は、「先読み力」「決断力」「適応力」

神リーダーに近づく第一歩「俯瞰」

「『神』の視点を手に入れる」という章タイトルを見て、冒頭から大変そうだな……と思った方もいるかもしれません。しかし、何も難しいことはありません。要は適切な俯瞰思考と鳥瞰思考のお話です。誰でも正しいトレーニングを行うことで、「視点の高め方」を身につけることができるのです。

なぜ、「神」の視点を手に入れる必要があるのでしょうか。メンバーの進むべき目標を示してメンバーを導くには、まず、「ゴール地点を見つけ出す思考法」を身につけなければいけません。その時に必要なのが「俯瞰思考・鳥瞰思考」なのです。

試しに、道に迷った時を思い浮かべてみてください。

地図上で向かうべきゴール地点を見つけるためには、まず地図を広げ、現在地を確認するために周囲の状況を確認し、ランドマークとなる建物を見つけ、自分の現在地からゴール地点までの距離を確認するでしょう。

つまり、迷っている状態から抜け出すためには、「状況を俯瞰して見る」ことが不可欠なのです。仕事も同じ。**ビジネスを俯瞰する力なくして、リーダーシップを語ることはできません。**

俯瞰する際、自分たちが置かれている状況だけでなく、ゴールまでにどれだけの障害や解決すべき問題があるかが正確に分かれば分かるほど、優れたリーダーであるということができます。

リーダーは、状況の把握と分析だけ行っていればいいわけではありません。それではマネージャーと変わりありません。メンバーの力量を正しく把握し、どこまでの目標であれば到達可能かを冷静に分析し、それぞれのゴールに導くことがリーダーに求められる役割なのです。

このため、リーダーの視点が近視眼的だと、状況の分析どころか把握すらままなりません。メンバーの力量も詳しく見極めないと、ゴール地点にたどり着けずに遭難してしまう

（失敗する）こともあります。そのため、神リーダーを目指すのであれば、まず高い視点から状況を把握する「鳥の目」を持つ訓練を行う必要があります。

Point

神リーダーを目指すためにはまず、高い視点から状況を把握する「鳥の目」を持つ訓練が必要

目の前だけを見ている限り、問題は決して解決しない

私が入社1年目から役員になるまでの約20年間で見てきた1000人以上の神リーダーたちには、ある共通点があります。**それは、「役職に関係なく、ほぼ全員が経営者の視点を持っていた」ということです。**

「利益を永続的に上げ続けるにはどうすればいいのか」

「会社を存続させ続けるには、どのような手を打たなければいけないのか」
「次世代の幹部候補育成は、どのように行うべきか」
「3年、5年、10年後の会社はどうあるべきか」
などといった視点で、彼らは経営者マターを自分事として捉える努力を惜しみません。

私がお会いしてきた神リーダーたちは、決して一社員の立場で物事を考えてはいませんでした。経営者の視点で常に物事を考えているために、トラブルが起きても冷静に対処できていたのです。

こうお話しすると、「その人たちはもともと優秀だからできたんだろう」という人が必ずいます。しかし、そんなことはありません。**最終的に神リーダーになった彼らと一社員との違いは、自分自身の基準を高め続けていたということです。**目線、考え方、行動、そして自分の健康面まで、維持するべき基準を高め続けていたのです。

ランニングやウォーキングを続けて体が慣れてくると、より長い距離にしても辛くなくなってきます。同じように、日々の物事を捉える視点（役職）の高さに慣れていくのです。

目の前で起こっているトラブルを当事者目線で処理しようとすると、どうしても視野が狭くなり、解決が困難になりがちです。しかし、仕事の全体像を把握することで、仮にトラブルが起きても軌道修正しやすくなるのです。

たとえば、自分が営業担当だとして、顧客に商品の値下げを打診されたとしましょう。その場で突っぱねてしまったら、今後の取引にも影響が出かねません。解決策が見出せず、「応じるしかないか…」と思ってしまうかもしれません。

しかし、そう思ってしまうのは、そもそも問題を当事者の視点で見ているから。そうではなく、経営者目線で捉えることで、異なる解決策を提案することができます。

例えば、値下げを依頼されている商品については、それに応じてもいいのです。しかし、値下げをした分、数を多く買ってもらったり、別の付加価値の高い商品を新たに購入してもらうなど、利益を上げるためにいろいろな提案をすることができます。そうした発想ができるかできないかで、成長に大きな差が出てくるというわけです。

Point

常日頃、経営者の視点で物事を考える訓練をしていると、トラブルが起きても適切に対処できる

経営者の視点を持てば、問題が問題でなくなる

こうお話しすると、「仕事の全体像なんて、上司や取引先の都合でいくらでも変わってしまうから、自分にはコントロールできない。考えるだけムダだよ」と考える人がいるかもしれません。

確かに、一介のサラリーマンの立場であれば、経営者になること自体を諦めてしまう人がいるのは仕方のないことかもしれません。しかし、経営者の「視点」を持つことであれば、この本を読み終えた後、すぐにできるはずです。

入社3年目に研究開発課の主任だった頃、私は自分なりの「帝王学トレーニング」を行っていました。それは、日々の自分の行動をチェックし、「自分が経営者なら、どういう行動をするか」という視点で振る舞うことです。

「はじめに」でもお話ししましたが、私は1983年に東洋炭素に入社後、研究開発課に配属されてから3年で主任に昇格し、2名の部下を持つに至りました。当時、同期では大卒の新人は私を入れてたったの3人。そのため、入社当初から幹部候補生として、経営者の視点で物事を考え、行動することを望まれていたのです。

主力のカーボン新素材開発プロジェクト部門でのマネジメント（新素材開発を短期間で成功させた成果）が評価され、当時最も社員数が多かった製造課の課長に抜擢された時は会社も伸び盛り。トップや上司の要求が非常に高いものだったため、内心、少々戸惑ったものです。

その時々に行っていたトレーニングが、先の「自分が経営者だったら、どう行動するか」ということでした。

課長クラスであれば、課の予算立案が業務にあると思います。そこで自分の目線が低いと、課の目標も自然と低いものになってしまいます。

たとえば、「来期予算を立てたものの、何も根拠がない」という課長もいるでしょう。自分は中間管理職なのだからその立場を死守できればいい、と考えている人は、前例を踏襲した予算しか立てられません。一見、自分の立場を守れるので問題なさそうに思えますが、そうではありません。そのような近視眼的な態度を取り続けていると、逆にトラブルが頻繁に発生しがちです。自分で何も予測していないので、周囲の環境が変われば、苦境に追い込まれる可能性大です。

あなたが営業部の課長だったとして、前年度の営業目標と横ばいの目標を立てるとします。見込とは逆に、その年は景気が良くて前年比1・5倍の注文が。ところが、製造部門には在庫がない。せっかくの売り時なのに、機会ロスしてしまうことになります。

このような時、一体、誰が責任を取るのでしょうか。もちろん、その年の営業目標を立てた課長です。そんなことを何度も続けていれば、結局、リーダーの職を追われることになってしまうのです。

大切なことなので繰り返しますが、リーダーの役割は、チームの目的と目標を定め、各メンバーを導くことです。方向性に客観的な根拠もなく、前年と同じゴールでは、チームだけでなく、会社全体を迷わせてしまうリーダーとして「ダメリーダー」の烙印を押されてしまいます。

だからこそ、脳内に「自分が経営者＝神リーダーだったら」という意識を常に入れておき、次のように、自分の日々の行動を見直してみることをおすすめします。

自分が経営者だったら、起きてから寝るまでにどう過ごすか？
自分が経営者だったら、取引先とどのような関係を結ぶか？
自分が経営者だったら、部下をどのように育成するか？
自分が経営者だったら、今から行う判断をどう下すか？
自分が経営者だったら、来期の事業戦略をどう考えるか？
自分が経営者だったら、自社の強みをどう伸ばし、弱みをどう改善するか？

このように考えると、自分の行動に裁量権が増えるような気がしませんか。その感覚が、自分の行動を変えるきっかけになります。

ここで注意しなければいけないのは、経営者目線になることで、あたかも自分が経営者になったかのように錯覚し、人の意見を聞かずに突っ走ってしまうことです。

Point

神リーダーになるためには、「自分が経営者だったら、どう行動するか」というシミュレーションが不可欠

神リーダー必修の帝王学「AMHR（エーエム・アワー）メソッド」

「経営者の視点を手に入れる」といっても、難しく感じられる人もいるかもしれません。私のいう経営者の視点とは、次の3つ。私はこれをそれぞれの頭文字を取って「AMHRメソッド」と表現しています。

これまで1000人以上の神リーダーのお話を間近で聞いてきましたが、彼らは神リーダーシップを手に入れるために、この3つを自然に行っていました。

❶「Advance Reading法」(アドバンスリーディング法)

これは、「起こりうる出来事やイベント、トラブルを想定して対処する」技術です。神リーダーたちは、まるで預言者ではないかと思うくらい精度の高い「分析・仮説・実行・検証」のPDCAサイクルを高速で回しています。

ダメリーダーは自分の半径2メートルの出来事にしか興味を持ちませんが、神リーダーは自分の会社だけでなく、会社が置かれている環境やマーケットの発展性など、ありとあらゆる状況の先読みにお金と時間を投資します。そのため、起こりうるチャンスやトラブルなどにも適切に対処できるのです。

私の製造課長時代、顧客訪問予定がある時には、必ず事前に工場案内と打合せのシナリオを考えた上で、問題点と課題の懸念点をリストアップしていました。その内容をもとに、関係者との事前打合せにより問題点・課題の懸念点をすべて克服しておくことで、顧客を迎えた当日には、顧客から最高の評価を得ることができていました。

これが神リーダーの帝王学「AMHRメソッド」だ！

❶「Advance Reading法」（アドバンスリーディング法）
起こりうる出来事やトラブルを先読みして対処する

❷「Mind Reading法」（マインドリーディング法）
決定権を持つ人の心を読み取り、先手を打つ

❸「Habit Reading法」（ハビット・リーディング法）
相手のクセや習慣から思考回路を読み取り、交渉を有利にする

❷「Mind Reading法」（マインドリーディング法）

これは、読んで字のごとく「相手の心を読み取る」技術です。

これも一つの先読みですが、誰彼構わずではなく、決定権を持っている人に的確にアプローチするために、決定権者がどのような考え方や価値観、心理状態にあるのかを読み取ることに努力を惜しみません。こうした思考法を持っているからこそ、神リーダーたちは社内で各部署の協力を得られるだけでなく、社外でも素晴らしいリーダーシップを発揮することができているのです。

特に会議において決定権者の結論パターン

を観察・分析することで、人の考え方、つまり思考回路が読み取れます。そうすることで、会議の外でも先手を打って対応できるのです。

私は常々、創業社長はじめ、優秀な役員の方の会議での結論の出し方を分析し、自分ならどういう結論を出すだろうか、と比較・シミュレーションする訓練を繰り返していました。その訓練により、会議ではどの人がどのような結論を出すのか、ある程度予測できるまでになっていました。

❸「Habit Reading法」（ハビット・リーディング法）

Habitとは、習慣やクセという意味です。つまり、ハビット・リーディングとは、「相手の習慣やクセを読み取る」技術のこと。

言葉は、その人の価値観や考え方を表します。特に口グセは、その人の思考の「クセ」を読み取るための大きな材料になりえます。それを観察・分析することで、人の思考回路が読み取りやすくなるのです。

顧客との価格交渉の際、短時間の面談時間でビジネスを決めなければいけない時が多いので、私の場合、その際には必ず顧客の顔色、口ぐせ、目、眉の動き、ジェスチャーなどから総合的に判断して顧客の希望価格を読み切り、受注につなげたことが何度もあります。

Point

神リーダーに必修の帝王学「AMHR（エーエム・アワー）メソッド」とは、「アドバンスリーディング法」「マインドリーディング法」「ハビット・リーディング法」の3つ

神リーダーは生産性を極限まで高め、圧倒的な結果を出す

ビジネスにおいて高い視点を持つことは、商売人思考、つまり「損して得とれ」の感覚を身につけることにもつながります。常に頭の中にそろばんがあって、取引をする時に全体で損をせず、次の取引にもつながるのであれば、目先の価格を値引いてもいいと考えられることです。これは、杓子定規のサラリーマン思考では絶対に身につかないスキルです。

ここでいう「杓子定規のサラリーマン思考」とは、会社全体の利益を顧みず、近視眼的に目の前の売上獲得だけに目を向ける考え方です。神リーダーは、例外なく商売人思考を持っています。

どの部署でも経営者目線をもっている神リーダーは、概して仕事の優先順位のつけ方が非常に上手です。近視眼的に目の前の仕事を順にこなしていくことだけを考えると、多くの時間がかかってしまいます。

やはり、大きな違いは、神リーダーがそれぞれの仕事のゴールを意識していることにあるからだと思います。彼らは、ゴールから逆算して、どのように自分を律し、チームを導けばいいのかを熟知しているのです。

たとえば、経営者目線を持っている営業部門の神リーダーは、自社の製品やサービスの利益率に焦点を当てます。第一に商品の粗利が高くなければ、自分たちの給料はもちろん、販促費用も、設備投資費用も、いずれは出なくなってしまうからです。

ですから、神リーダーは、利益率の高い製品や付加価値の高い製品を購入してくれる顧客に頻繁にアプローチします。一方で、製造部門に対しても、どの製品をたくさん売れば原価率を下げることができるのか、躊躇なくヒアリングします。
利益率が高い製品を多く売ることで、原価率を下げて利益率を高め、粗利の高いビジネスができることは言うまでもありません。営業が効率化されるため時間も生まれ、会社の利益が上がるので自分の評価も自然と上がり、それがモチベーションにつながって、仕事が楽しくなるという好循環が生まれるというわけです。

ところが、現状維持をよしとするダメリーダーは、自分が立てる目標に根拠を持つことができません。自分が売ろうとしているのは、もしかしたら利益率が低かったり、顧客が求めていない商品かもしれません。必然的に利益を上げることができないので、会社からの評価も、部下のモチベーションも下がり続けます。完全に負のスパイラルとなり、あっというまにダメ組織ができ上がってしまいます。

「会社が自分に求めていることは何か」を突き詰めると、最終的には利益です。ですから、常に経営者目線で物事を捉える必要があるのです。

Point

**神リーダーは、利益を出すために、
生産性を最大限まで高める**

高い視点で物事を見る「真似」をするだけでいい

1996年、イタリア・パルマ大学のリッツォラッティ教授らが発見した「ミラーニューロン」という脳内神経細胞があります。この神経細胞の影響で、人間は先天的に相手が発した表情や姿勢、口調や身振り、それに付随する感情を真似る傾向があるそうです。

上機嫌な人のそばで仕事をしていると、何だかこちらまで機嫌が良くなってくる、という経験をしたことがありませんか。このような傾向が人間にはあるため、周囲に神リーダーがいれば、あなたもその人の行動や思考を少なからずまねることができるはずです。

しかし、逆もまた然り。ダメリーダーばかりに囲まれていれば、自分もいつしかその思考法や考え方、行動などをまねることになり、いつの間にかダメリーダーになってしまうのです。だからこそ、ふだんからなるべく「この人はすごい」と思える神リーダーに会いに行ったり、その人の著書を読んだりすることが大切なのです。

Point

「この人はすごい」と思える神リーダーの行動や思考を真似ることが重要

神リーダーばかりだった日本原子力研究所時代

少し専門的な話になりますが、私は入社して5年後に、日本原子力研究所（現・独立行政法人日本原子力研究開発機構）の東海研究所に3年間出向し、次世代の高温ガス炉や核融合炉用の耐熱性の高い黒鉛材料の研究に従事していました。

私が出向した当時の研究所には、日本で最も優秀な技術者たちが集まっており、まさに神リーダーの宝庫でした。私は30歳になったばかりでしたが、日本のトップクラスの技術者と触れ合うことができたのは、本当に大きな収穫でした。

研究所には、研究所所属の研究員だけでなく、私たちのような素材部門のメーカーの技術者と、素材を活用して開発するメーカーの技術者もたくさん来ていました。そうした人たちと積極的にコミュケーションを取るようにしたおかげで、歴代の出向者と力を合わせ、会社の長年の夢であった、「高温ガス炉用黒鉛」と「核融合炉カーボン」の認定及び受注に成功したのです。

私の場合、メインの研究は高温ガス炉用黒鉛の研究で、東海研究所に外来研究員として赴任していました。そこで、優秀な研究員の方々から高温ガス炉の設計概念から、黒鉛の要求特性など、いろいろなことを学ばせていただきました。また、学術的な内容だけでなく、研究の進め方、国際学会のプレゼンテーションの仕方など、多くのことを教えていただきました。

私が幸運だったのは、当時、世界的に脚光を浴びて研究が進められていた核融合炉に関しても同時に学ぶことができたことです。核融合を研究されていた研究員の方々も皆大変優秀な方ばかりで、いろいろなことを勉強させていただきました。「高温ガス炉：東海研究所」と「核融合炉：那珂研究所」の両方とも世界一の技術を目指して日々、研究に励む研究者や先生方とお会いできたことは、非常に良い経験になりました。

Point

最先端または大規模なプロジェクトに携わることで大局的な視点で仕事ができる

経営者の目線を学ぶには、経営トップと話す機会を作るのが一番

皆さんは、終業後の時間をどのように過ごしていますか。会社の同僚や部下を引き連れ、さながら愚痴大会のような飲み会でうさを晴らす人もいるでしょう。仕事の愚痴は一

番の酒の肴！　と考えているかもしれません。

気持ちはわかります。しかし、思い出してほしいのは、先ほど紹介したミラーニューロン効果です。自分と同じようなレベルの人たちと愚痴を言い合っていては、視点が上がるどころかどんどん下がっていく一方。そうした時間を過ごすのであれば、少しでもいいので経営トップや幹部などのリーダーと話すことのできる環境を設けることが大切です。

経営トップに知り合いがいる人は、一緒に食事しながらコミュニケーションを取るのもいいでしょう。大切なのは、先ほどお話しした会議と同様、コミュニケーションを取る過程で、彼らのビジネス感覚や視点の高さを学ぶことです。ミラーニューロンをうまく利用することが、神リーダーに近づく手助けをしてくれるはずです。

経営トップに知り合いがいない方は、講演会に参加することをおすすめします。

私は30代の頃、四国生産本部主宰の「日本のトップを囲む懇談会」で、当時、三洋電機CEOの井植敏さんや、現一般財団法人日本総合研究所会長の寺島実郎さんの講演会などを聞きに行っていました。

そして、以前から尊敬していた京セラの神リーダーである稲盛和夫さんの著書と、若手経営者が経営哲学を学ぶ「盛和塾」の小冊子を入手して勉強するだけでなく、京セラ主催の賀詞交歓会や鹿児島県人会に参加し、直接稲盛さんにお会いし、お言葉をいただいたことも何度かあります。**本を読んで学ぶことも大切ですが、直接著者の講演会に参加し、お会いして話すことでその人の信念や価値観を共有する時間は、読書以上に貴重な価値になるはずです。**

Point

経営トップや幹部などのリーダーと話せる環境を自ら作る

神リーダーの著作で視点を養う

場所柄などで講演会やパーティになかなか行けないという方には、著作を読み込むという方法をおすすめします。

私は、入社以来、稲盛和夫さんの『成功への情熱』や永守重信さんの『情熱・熱意・執念の経営』（以上、ＰＨＰ研究所）を愛読していました。

こうした本を読むときに大切なのは、そこに書かれていることを一言一句覚えようとするのではなく、著者の価値観やものの考え方を味わうようにして読むということです。本の内容が「自分の仕事を進める上でどう有効活用できるか」「会社の発展のためにはどのように応用できるか」「部下の育成にどのように活用できるか」と考えながら、じっくり読み込むのです。

つまり、自分の中で常に問題意識を持ち、「この本で自分が学べる問題解決スキルは何か」ということを考えながら読むことです。そのように本を読んでいくと、著者の思考や価値観、考え方がミラーニューロンによって脳の中に定着していきます。

本は、著者の価値観そのものです。私は稲盛さんの本を読むことで、稲盛さんの思考や価値観、ものの考え方、行動方針や経営哲学など、いろいろなことを吸収することができました。中でも、今も経営方針の一つとして取り組んでいることが、「原理原則で考えること」です。不確かな情報に惑わされることなく、自分の信念をぶらさずに普遍的に物事を考えて経営判断することです。

27歳で経営者となった稲盛和夫さんが会社を経営する上で大切にしていたのは、「人間として何が正しいのかを、原理原則で考える」ということでした。

「嘘をつくな、正直であれ、欲張るな、人に迷惑をかけるな、人には親切にせよ」という、人間にとって当然のルールに従って会社を目標に導き続けてきたのです。

稲盛さんの本を読んで、技術者でもあった私は、「ものづくりは原理原則で考えなければダメだ。どんな問題でも原理原則で考えれば、必ず答えを導き出すことができる」と考えられるようになりました。そしてこの考えは、自分がリーダーを経験する中で最も大切なことになっていったのです。

また、28歳で日本電産を創業された永守重信さんが会社経営の上で大切にされているのは、「情熱・熱意・執念の経営」です。

1973年に宣言した「世界一になる！」という創業目標とともに、常に連結売上高、従業員数のマイルストーンを掲げることにより、全社員に対しゴールを明確に示し、会社全体を目標達成に向けて導いている、まさに典型的な神リーダーと言えます。

Point

神リーダーの著作を読むことで、価値観やものの考え方を効率よく吸収できる

面談の時間は、情報交換にも力を入れる

私は営業部長時代、自社と付き合いがある半導体や太陽電池、ＬＥＤなどのエレクトロニクス分野で有名な一部上場企業をよく訪問していました。面談の時間は、貴重な情報交換の時間になります。時間の余裕がある時に、お客様とよくビジネス以外の話をするようにしていました。

ふだんなかなかお会いできない役員や部課長クラスの方がいらっしゃる時は、ビジネスの話を終えた後を見計らって、人材育成や仕事の進め方などの話をしていました。特に懇意にさせていただいていたお客様とは、夕食の懇親会もアレンジし、仕事の話だけではなく、ものの考え方や人生観などに関しても伺うようにしていました。

こうした企業トップの生の声を聞くことで、自分の考えやものの見方を非常に高い視点に上げることに役立ったと思っています。

私はよく、次のような質問をして楽しく情報交換するようにしていました。

「貴社には優秀な部下の方が多くいらっしゃいますが、どのように教育されておられるのですか」

「社員の方々の教育システムはどんな内容なのでしょうか」

「そのシステムは、管理職だけでなく係長、主任クラスの方にもあるのでしょうか」

「差し支えなければ将来の夢や目標を教えていただけないでしょうか」

「仕事上、感情が高ぶる時もあるかと思いますが、どのように対処されていますか」

互いの年齢に関係なく虚心坦懐に聞くことで、相手も快く答えてくれるものです。

Point

顧客との面談は、生きた情報の宝庫

開催主旨があいまいな異業種交流会は時間のムダ

人脈を広げようと、異業種交流会に参加する方がいます。その意識は賞賛すべきですが、正直に申し上げて、視点を高くすることに役立つかは微妙です。

私の経験上、こういった会に積極的に参加する人の多くはこれから成長しようという人たちですから、自分と同じようなレベル、もしくはさらに低い人かもしれません。**あなたが視点を高くするために必要なのは、実際にリーダーとして、活躍している人たちの体験談です。**

だからこそ、社長や経営者が集まる会に参加するのであれば、学ぶべきことは多いでしょう。自分の会社で付き合いがある企業の役員が出席する懇親会などに参加した方が、得るものは大きいと私は思います。

自分を着実に成長させたいのであれば、まず確実に自分の先に行っている人たちの話を聞くようにすれば、時間の節約にもなり一石二鳥です。

Point

視点を高めるためには、社長や経営者が集まる会に参加すべき

悩みを解決したければメンターを持つ

神リーダーを目指す人であれば、自分を成長させるために、未経験の仕事に挑戦することもあるでしょう。しかし、何のセーフティネットもない状態でチャレンジすると、困難を乗り切れない場合に致命傷を負ってしまうこともあります。ですから、自分の精神的な支柱となるべきメンターを持っておくことが大切なのです。

メンターとは、自分の経験や知見を元に、親身になってアドバイスをしてくれる人で

す。自分の最も先にいる人たちで、ものの見方や考え方、人材育成や人生設計、人間関係や身の処し方などの悩みに的確な方向性を指し示してくれる人たちです。私がお会いした神リーダーは、誰もがメンターを持っていました。

私には、3人のメンターがいます。

一人は岡山大学時代の恩師であり名誉教授でもある界面化学の権威、田里伊佐雄先生です。いつも親身になって相談に乗って下さり、ものの見方・考え方や人材育成など、約40年にわたりご指導いただいています。

二人目は、東洋炭素の元顧問の方です。上場会社の専務取締役の経験があり、大所高所から自分をご指導くださり、経営者としてのものの見方・考え方も教えてくださいました。また、トラブル対応で悩んでいるときには的確なアドバイスをしてくださいました。

三人目は、北海道大学名誉教授で、核融合研究の権威の日野友明先生です。学術的なことだけでなく、人間関係の悩みや人材育成法に関し、折にふれご指導をいただいています。

こうしたメンターを持つことができれば、精神的にも強くなれますし、悩みを最速で解決することもできるのです。

Point

メンターは、悩み解決への的確な方向性を示してくれる

一日で仕事と気持ちをリセットできるリーダーたれ

神リーダーの特長の一つに、「気持ちの切り替えが速い」点があげられます。

私がお会いした神リーダーは、皆とても気持ちの切り替えがうまく、毎朝ベストコンディションで出社されていました。そのままの状態で仕事に取りかかれるため、高いパフォーマンスを維持しやすくなるというわけです。

中間管理職ともなれば、仕事だけでなく部下の働きぶりで悩んだり、上司から詰められたり誤解されたりして、悔しい思いをすることが多々あるものです。ですから、そのストレスや不満をどのように解消するかが、パフォーマンス維持のポイントになってきます。

最悪なのは、部下に責任を転嫁し、当たり散らすことでストレス解消を図るリーダーです。自分は責任を取ろうとしないので、チームのモチベーションは下がり、また同じような問題で自分が窮地に立たされます。

一方で、部下に当たることはないものの、自分で抱え込んでしまい、常に不機嫌な表情のリーダーもいますが、これも困りもの。結局、チームの風通しが悪くなりモチベーションが下がる要因になるため、止めた方が賢明です。嫌なことがあっても、1日でリセットできるしくみをつくることが必要です。

それにはまず、悩みを話せる人を増やすこと。家族、友人、メンターの人に相談できる体制を整えておくことです。また、スポーツや趣味に打ち込むなど、仕事と関係ないことをすることで、気持ちをリセットすることができます。

私は、アメリカ赴任時代から、よく妻に仕事の話を聞いてもらい、ストレスを解消していました。また、子供たちと遊んであげることも、ストレス発散になっていました。よほど困った時には、メンターの先生方にも相談していました。

そして、何よりも大切なことはポジティブ思考です。「あの上司は、私の意見を理解できなかったのだから仕方ない」「あの上司は、朝から何か嫌なことがあって八つ当たりしているんだ」「この困難は、自分の成長のために用意されているのだからクリアしなければ」と思うだけで、気持ちをすっきりさせることができました。

私がお会いした神リーダーたちも、「目の前の試練は成長のためにある」と捉える方が多くいらっしゃいました。悔しい思いを肥やしにすることで、良い流れを自ら創り出しているのです。

Point

神リーダーはポジティブ思考なので、不眠知らず。翌日まで悩みを引きずらない

異文化の考え方や価値観も神リーダーには必要

「はじめに」でもお話ししたように、今の世の中は、ダイバーシティ（多様性）を認め、文化や価値観の違う人と一緒に仕事をする機会が増えています。日本の人口減少を考えれば、一般的な会社でもそう遠くない時期に、海外の人と一緒に働くことが当たり前になるでしょう。

そこで、より高いリーダーの視座を手に入れるためにも、日本のだけではなく、異文化の価値観や文化に触れる必要があると私は考えています。

私が日本原子力研究所に出向する前年の１９８７年、アメリカのオレゴン州のポートランドに東洋炭素のアメリカ工場「TOYO TANSO USA」が設立され、そこに１９９１年から4年間、技術課長として赴任することになりました。私の仕事はエンジニアリング・マネージャー。顧客対応と、工場の製造工程改善がミッションでした。

日本からの出向は、私と社長のたった2名。１５０人ほどの現地従業員は全員外国人。

すべてを私たち2人で動かさなければならない状態でした。

毎日、会議の連続で帰宅時間が遅くなっていたのですが、その時、アメリカ人の社員から言われた一言が胸に響きました。

「ミキさん、ここは日本じゃなくアメリカだ。アメリカでは家族の優先順位が決まっている。1番目はWife（奥さん）、2番目はKids（子供）、3番目はDog（アメリカの犬や猫などのペットの総称）、4番目が夫の仕事、Job。ようやく最後がHusband（夫）なんだ。だから、定時に帰ろうという努力をしないと離婚されてしまうよ」

アメリカでは、家族が仕事よりも大事。だから、家族は一番の優先事項なのです。よく見てみると、アメリカ人の管理職は、よほどのことがない限り残業せず定時で帰宅していました。そして、どうしても処理しきれなかった仕事に関しては、夜ではなく、始業時間の1～2時間前ぐらいに来て片づけていたのです。

当時、私の部下にドイツ系のアメリカ人Jさんがいました。非常に優秀な部下で、いつも顧客のために素晴らしい仕事をしてくれていました。必要とあれば残業してでも対応し、日本人のように働いてくれたので、私は彼をとても頼りにしていました。

ある時、あと1時間で終業という時、急なクレーム対応のため、残業が必要になりそうな仕事を依頼したことがありました。彼はその時、即座にこう答えたのです。

「ミキさん、今日、私は妻から子どもたちの夕食の準備を頼まれているので、定時に帰らなくてはいけません。だから、残業はできないのです」

どんなに仕事ができて、優秀な人でも家族のイベントを仕事より優先する。家族を最優先するためには、仕事の優先順位を決めなくてはいけない。彼らのなかで、そのように決まっているからこそ、目の前の仕事に集中するのがとてもうまいのです。

Point

神リーダーは異文化を受け入れる順応性に長けている

マネジメントの断捨離も時には必要

私は、彼や従業員の話を聞いて、「ここはアメリカ。『郷に入っては郷に従え』だ。残業を何とかしなければ」と考えるようになりました。

そこで、自分のタイムスケジュールをもう一度、見直してみることにしたのです。

よくよく考えてみると、残業の最大の原因は会議でした。私は日本から、技術職のマネジメントで出向していました。従業員の人数は１５０人。それまで数人の部下をマネジメントしていた時には、関係するすべてのミーティングに出席し、つきっきりで手取り足取りマネジメントしていました。

しかし、部下が１５０人ともなれば、そのようなやり方ではとても対応できません。その後で自分の仕事をするために、帰宅時間が遅くなっていたのです。そこで、会議を効率的に行い、時間を短縮するためにはどうしたら良いかということに重きを置いたのです。

次に、私は、マネジメントの割合を減らし、「リーダーシップ」の割合を高めることにしました。手始めに、周囲に時間を取られている「自分の時間のリーダーシップ」を取ることにしたのです。

私は今まで役職として関係する定例ミーティングにはすべて参加していましたが、一つひとつの会議の時間を短縮できれば、必然的に自分の時間が生まれるはずだと考えました。こうして自分の時間改革のゴール地点を、まず「ミーティングの時間を短縮する」ことに決めたのです。

Point

イノベーションのためには大胆なタイムマネジメントが必要

ゴールに行き着くための障害や問題を探す

その次に私は、ゴール地点を達成するためのキーポイントを探すことにしました。ミーティングをなんとか短くできないか、理由を考えたのです。この時に、ふだんからトレーニングしていた「俯瞰力」が役立ちました。

私と同じマネージャーの中で優秀なアメリカ人Aさんと、自分の仕事を比べてみて、あることがわかりました。

それは、私の会議では「結論が出るのが遅い」ということでした。しかし、日本式の会議では会議の中で合意形成していくのが普通です。結論までのプロセスが長いミーティングに慣れきっていた私は、どのように素早く結論を見出せばいいのか、なかなかわかりませんでした。

そこで、社内でも会議を早く終わらせることで有名なAさんの会議に出席し、そこで会議が早く終わる方法を観察し、研究することにしたのです。

Point

俯瞰力により、ゴールまでの課題を抽出することが重要

会議をする前に、要点と方向性をまとめておく

ミーティングの進行役であるAさんは、何を決めるかということを書いたアジェンダ（議題や課題項目）を用意していました。そこにすべての要点がまとまっていたのです。これには思わず唸《うな》らされました。

アジェンダは、今は会議前にメールで参加者に事前に配っておくことが多いようです

が、メールのなかった当時はホワイトボードに書いていました。

今回のミーティングの意義、何のためのミーティングか、現時点でわかっていることとわかっていないことは何か、最終的に何を決めるのか、その中で誰がいつまでに何をするのかなど、すでに決まっていることを書いていきます。

ミーティングでは、参加者にそのアジェンダを見せながら、決まっていないところを埋めていくのです。足りないものがあれば、そこに追加したり、実行すべきこと（アクションアイテム）を追加します。

長い議論が必要になる項目が出たら、「これは別の機会を設けて話し合い、結論を出す」と分けてミーティングを進めていたのです。つまり、ホワイトボード内のアジェンダにすべて必要な項目が書かれているのです。

さすがだな、と感じたのは、「会議の方向性をあらかじめ決めておく」ということでした。会議の方向性が決まっていないのに、多くの人を議論に参加させれば、会議は混乱するだけです。しかし、結論の方向性が決まっているのであれば、あとは会議に発言権を持つキーマンをどのように納得させるかということだけになります。

例えば、会社にとって大事な「設備投資案件」を例にとって説明します。「世の中の経済動向」「顧客の販売・生産計画に関する情報」「顧客の意向」などを事前に入手した上で、設備投資がいかに必要かというシナリオを描き、会議にのぞむのです。

ここでも私はAさんの行っていることを観察し、研究しました。すると彼らは、キーマンのものの考え方を「読んで」いることに気づいたのです。

キーマンが気にしているのは売上か？　経営トップについてか？　それとも会社の発展について考えているのか？　それらを先読みすることで、自分が考えた結論をキーマンが好むようにアレンジし、会議を早く終わらせることができていたのです。

Point

会議の前に、結論までのシナリオを作っておく

家族ぐるみで神目線を持っているアメリカ人

私がアメリカに赴任して出合い、積極的に取り入れたことがあります。それは、アメリカ人の中間管理職の多くがもっていた「経営者目線の考え方」です。

1991年、33歳でアメリカの東洋炭素USAにエンジニアリング・マネージャーとして赴任して数ヶ月が経った頃、1歳下で、有能な現地アメリカ人の経理マネージャーBさんに、唐突に次のように言われました、

「ミキさんがアメリカに来て2か月ほど経ちますが、今後、東洋炭素USAの経営をどのようにしていきたいと考えていますか？」

今まで会社の「経営」そのものについてあまり深く考えていなかった私にとって、目が

さめるようなショッキングな質問で、明確に答えることができませんでした。

日本では、一般的に会社の経営について考えるのは社長になってから、早くても取締役になってからというのが常識だったこともあり、この質問はその後の私の人生を一変させるものでした。


それ以降、「一日でも早く経営を理解し、対等以上に経営の話ができる人間になりたい」という思いで、日本語と英語の経営に関する本を、むさぼるように読みました。また、その当時アメリカで人気を博していたスティーブン・R・コヴィー博士の『7つの習慣』で有名なリーダーシップ研修を受講することで、リーダーシップに目覚めるきっかけを得ることができました。

五日間のリーダーシップ研修では、各項目別にグループのリーダーを変え、実践的なケーススタディに基づいた研修が行われました。いろいろなメンバーの考え方を、リーダーが取りまとめ、グループ代表として発表するのです。リーダーの手腕により内容の優劣が決まったことを、今でも鮮明に覚えています。

今も、日本の中間管理職、特に課長クラスでは、社長目線で考えることは少ないのではないでしょうか。

冒頭に紹介したように、日本の管理職は自分の目の前のことで手いっぱいになってしまう人が多いのですが、アメリカの優秀なリーダーは常に会社全体のことを考えていました。**彼らは会社全体のことを考えながら仕事をしているので、優先順位のつけ方が上手く、何をするにも決断が速いのです。**俯瞰力によりゴールまでの課題が見えるので早く結論を出すことができ、結果的にミーティングも早く終えることができていました。

もう一つは、家族ぐるみで会社全体のことを考えているということです。

先ほど紹介したように、アメリカでは家族と比べ仕事の優先順位は高くありませんが、これは決して仕事をおろそかにしているという意味ではありません。

特に、管理職クラスは、日本と同じかそれ以上に働きます。彼らが日本のビジネスマンと異なるのは、管理職クラスであっても家族を大事にするということなのです。

なぜ家族を大事にするのか？　それは、仕事でリーダーシップを発揮するために、家族

が非常に重要な存在になってくれるからです。

よく考えてみると、家庭というのはチームそのもの。もともと生まれた環境も、育った環境も違う赤の他人と共同生活をすることは、チーム運営の基本です。つまり、家庭はリーダーの力を養うためのトレーニング場でもあるのです。家庭において、家族一人ひとりの長所を発揮できる役割分担ができていれば、自然と協力体制ができ上がります。

そして、仕事の話だけでなく、学校生活や恋愛、進路など何でも話せる雰囲気の家族であれば、会社と同じように、いざという時に一丸となって問題に対処することができます。そういう家庭を築いている人は、これまた神リーダーに多いのですが、家族を路頭に迷わせないように導けていると感じました。

ですから、家庭内がメチャクチャになっていたり、家族の役割分担ができていなかったり、家族とのコミュニケーションが断絶したりしている人は、人生で最も重要なチームである家庭のリーダーシップが取れていない人です。

こういう人は、会社においてもリーダーシップを発揮できていない傾向があります。家庭は最小の社会。そこでのふるまいが会社でも再現されやすいというわけです。

Point

家庭はリーダーシップを養うための絶好のトレーニングの場

「家族はチーム」と考えるアメリカ人

先ほどお話しした通り、アメリカでは家族はチームであり、最小の社会という考え方があります。アメリカでは、自分の仕事内容を配偶者に話すことが一般的です。また、どの家庭でも子どもは何らかの役割を与えられており、家庭内で決められたルールに従って行動することが求められます。

知り合いを家に招いて行うホームパーティでは、その家の奥さんがホステスとなり、パーティを切り盛りします。子どもたちにも料理や配膳をするなどの役割が与えられ、家族全員で招待客をもてなすのです。

上司や同僚、部下などもホームパーティに呼ばれることが多く、パーティの席で仕事の話が出ることもあります。東洋炭素ＵＳＡの係長以上のリーダーとその奥さんが参加していた、クリスマス会での出来事です。製造マネージャーの奥さんが、社長と私に対し、このように自分の夫のことを推薦したのです。

「彼は現在製造マネージャーですが、能力もあり工場全体のことも掌握しており、何よりも社員全員からの信頼も厚いので、立派に工場長の仕事をこなせると思います」。

私たちは少し驚きましたが、さすが主張の国アメリカ、と納得したものです。

また、子どもも親の仕事についてよく知っています。

アメリカの学校では、小学校の授業に「Show and Tell」という授業があります。これは、子どもの頃から自分の意見を持って発言し、人の意見を聞くこともできるように教育する方法です。

内容は、先生が子どもに自分が一番大切にしているものを一つ持って来させ、それについて説明し、本人が質問に答えるというもの。この授業では、自分の親の仕事について質問したり議論することもあるため、親の仕事内容も聞いて知っているのです。

日本もだいぶ変わりましたが、まだまだ、男性は外で仕事、女性は家事育児をするという考え方が根強くあります。だからお互いに大変さがわからず、お互いがお互いの悩みを抱え、うまくいかなくなってしまう。そんなケースも多いようです。

私もアメリカに赴任するまで、残業をいとわない仕事人間でしたが、現地の社員に忠告されてからは、家族をチームとして考え、それまで以上に家庭内でのリーダーシップを意識するようにしました。

残業せずに、定時で仕事を終えるように意識し、今まで以上に子どもたちの世話や、家の用事をするように心がけました。そうすることで、逆に仕事が忙しい時に私が家で仕事をすることを、家族全員で協力してくれるようになったのです。社内でのリーダーシップに自信のない方は、まずは、家庭内でリーダーシップを鍛えてみることをおすすめします。

Point

アメリカ人は、パートナーの仕事を家族全体でバックアップする

今より少しだけ背伸びすることが、リーダー脳を鍛える第一歩

運動をしなければ、いつまで経っても脂肪は落ちないように、ストレスフリーの状態に自分を置いていても、神リーダーとしての資質は磨かれません。現状維持ではなく、いろいろなことにチャレンジして自分を成長させて初めて、神リーダーの資質が生まれてくるのです。

これまで私がお会いしてきたリーダーたちは、ふだんから現状維持をよしとしません。自ら進んで、常に会社やチーム、自分自身を向上させようと、自分に少しずつ負荷をかけ

て鍛えているのです。

ところが、ダメリーダーになってしまう人たちは、いつまで経っても同じところにい続けます。現状維持で満足し、会社やチームはおろか、自分自身すら向上させることを怠けてしまうのです。


同じ人間なのに、なぜ、このような差が生まれるのでしょうか。


人間の脳には「ホメオスタシス」という、現状を維持しようとする機能があります。基本的に人間はそのまま放っておけば「現状のままでいい」、「楽に暮らしたい」と思ってしまうものなのです。ホメオスタシスが働いている、心理的に楽でいられる領域をコンフォート・ゾーン（安定地帯、安全地帯）と呼びます。

ダイエットが失敗するのも、このホメオスタシスが原因です。太っている状態が安心でいられる状態なので、「現状のままでいい」と脳が判断してしまっているのです。

ダメリーダーの根底には、「できるリーダーになってもいいことなんてない。むしろ、余計な仕事が増えてますます辛くなるだけ」という考え方があります。

ところが、神リーダーたちは違います。現状のままでいいとは考えず、常にチャレンジし続けます。それによって会社も自分も発展し、よりハッピーな世界が現れると考えているからです。

リーダーだけれども、リーダーになりたくない自分。そのエゴを守り続けるということが、自分の成長を阻害していることに、ダメリーダーは気づいていません。これでは、いつまで経っても神リーダーを目指すことはできません。

こうした考え方を、どのように変えていけばいいのでしょうか。

基本中の基本ではありますが、まずはリーダーをやっていて「楽しい」と思えることが大切です。リーダーシップを取ること自体を楽しいことだと思えば、何のストレスもありません。

私の場合、リーダーシップをとることにより、成果が上がり、部下が信頼感を持ってついてきてくれるようになりました。「この時はどうするのですか」「こう言う場合は、どのように対処すればよろしいのですか」と、いろいろなことで頼って質問してくれるのです。ちょうど、小泉首相時代に「小泉チルドレン」という言葉が流行しましたが、私の部下たちも「平成の三木チルドレン」などと言って競い合って成果を上げようと努力し、チーム一丸となって私をサポートしてくれました。そうなると、充実した、楽しいリーダーシップを展開できるのです。

ところが、多くの人は、リーダーになるのは嫌だなと思っているので、いつまでたってもリーダーである自分に強いストレスを感じてしまうのです。

Point

神リーダーは現状維持を良しとせず、常にチャレンジし続ける

神リーダーの思考を真似るには、「好奇心」を持つこと

こう言うと、リーダーが楽しいなんてありえない、と言う人もいるかもしれません。
そこで、物の見方を少し変えてみましょう。
リーダーを務めることが大変だと思うのではなく、どうしたら自分の今の仕事がもっとラクになるか？　と考えてみるのです。

多くの中間管理職は、抱えきれないほどの仕事をこなさなくてはなりません。しかし、リーダーシップを発揮することで、抱えている仕事の大部分を、部下の適性を考えながら振り分けることができます。一人で孤独に仕事をしていては、気分も暗くなり、仕事の処理速度も限られてきます。しかし、みんなで仕事をすれば、仕事も早く終わらせることができ、何よりも楽しいのです。

私が尊敬する神リーダーの一人に、国際宇宙ステーションで船長を務めたクリス・ハドフィールドというカナダ出身の宇宙飛行士がいます。

クリスさんは、ある時船外活動中に自分の目に異物が入り、宇宙空間で目の前が見えなくなるという絶体絶命のトラブルに陥りました。

クリスさんは、その時の体験をこう語っています。

「人生初のスペースウォーク中でした。急に左目に原因不明の激しい痛みを感じ、片目が開かなくなりました。なぜ目が見えないのかわからず、どうしたものかと思いましたが、『目が二つあってよかった』と考え、作業を続けました。

でも、不運なことに、無重力状態では涙は落下しないので、目に入った謎の物質が涙と合わさってどんどん大きな球体となり、その球体は大きくなりすぎて表面張力によって鼻柱を横切り、小さな滝のようにもう一つの目に「グシャッ」と入り、さあ、私はいよいよ完全に視力を失いました。宇宙遊泳中に、です」（ＴＥＤ「宇宙で目が見えなくなり学んだ事は」より）

その恐れを克服するために行なったことは、「感情の恐怖に浸るのではなく、恐怖と向き合い、正しく恐れることだ」とクリスさんは語ります。

「私たちは宇宙服について知るべき知識はすべて学び、水中で何千回もトレーニングしました。順調な時の練習だけでなく、異常事態の練習も常に行います。~中略~そして、もし目が見えなくなっても、ごく自然なパニック反応は起こりません。代わりに周りを見回し、こう考えるのです。

『目は見えないが、聴くことも話すこともできる。スコット・パラジンスキー(同僚)が一緒にいるから大丈夫だ』と。実際身動きできないクルーの救助訓練もしているので彼は私を飛行船のように浮かして、宇宙船のエアロックの中に押し込むこともできます。自力で戻ることもできるはずです。大したことではありません。そして、しばらく涙を流し続けると目の中のネバネバしたものは薄まり、また視界が開けてきます」

また、クリスさんは「そうやって恐れを克服した後は、得られる好奇心に集中することだ」とも語っています。

私たちは新しいことを始める時に、2つの感情と出会います。

一つは、恐怖とリスクを恐れる感情。

もう一つは、新しいことをやりたいという好奇心。

当たり前のことですが、恐怖やリスクへの恐れに集中していては、新しいことへのチャレンジなどできません。しかし、私たちの多くは、恐怖やリスクへの恐れに集中することを選んでしまうのです。そうではなく、恐怖やリスクに対しては、感情に任せてパニックになるのではなく、客観的に正しく恐れるのです。そうすれば、好奇心へ気持ちを集中させることができます。


多くの管理職、特に自分にも厳しい鬼リーダーは、何でも自分で処理しようとします。ある調査では、人に教えてやらせるのは、自分でやる場合の30倍かかることがわかっています。

「30倍もかかるのなら、自分でやったほうがいいに決まっている」と思うかもしれません。しかし、それでは部下は育たないばかりか、いつまでたってもチーム力を発揮することができません。

チーム力を発揮できなければ、レバレッジもかからず、忙しさはいつまで経っても変わらないでしょう。目の前の仕事を処理することで精一杯で、物の見方が近視眼的になったままなのです。

第1章でもお話ししましたが、リーダーは、ゴール地点を掲げ、そのゴールに向かってメンバーを導くのが本当の役目です。いつまでも自分で処理をしていては、ゴールを描く時間がとれず、リーダー本来の仕事をしているとは言えません。だからこそ、まず自分の時間を確保することが重要なのです。

自分の時間を確保することができれば、自分一人よりも何倍もの力を出すことができます。そうすれば、「リーダーって楽しい」と思えるようになってくるのです。

チーム全体で仕事をシェアして、リーダーとしての時間が取れるようになると、より、有意義で重要な仕事（来期営業計画、生産計画、新組織編成、重要顧客戦略立案など）に、時間を割くことができるようになるというわけです。

Point

チーム全体で仕事をシェアして、リーダーとしての時間を確保する

リーダーの時間を奪う2つの時間泥棒

上司と部下の板挟みになっている中間管理職には、日々、業務が山積みです。社内や取引先から次々に送られてくるメールの処理、延々と続く会議……。

このように、日々多忙を極めている中間管理職ですが、重要度も優先度も見極めずに、考えることなくところてん方式で仕事をやっつけていては、当然のことながら、時間はいくらあっても足りず、本当にリーダーとしてやらなければいけないことに時間を割けなくなってしまいます。これではいけません。

神リーダーシップを身につけるためには、まず自分の人生のリーダーシップを取らなければいけません。

私は、管理職には、時間を奪う2つの時間泥棒が寄生していると考えています。

一つは、生産性に何ら寄与しない業務です。わかりやすいように、縦軸に重要度を表し、横軸に緊急度を表したマトリックスで示してみます（117ページ参照）。

マトリクスを見てもらえば一目瞭然。重要でも緊急でもない仕事に、時間を取られてしまうことが多いものです。

重要でも緊急でもない仕事の筆頭は「探し物」ではないでしょうか。きちんとあるべき場所にあるべきものが置いてあれば、この時間は大いに短縮できるはずです。

ライターで有名なZippoが2014年に1002人に対して行った「時間に関する世界調査」によると、日本人は、平均して探し物に1ヶ月あたり1時間16分もの時間をかけていることが分かりました。年間で15時間12分、一生のうち平均して52日間、探し物に時間をかけているそうです。

このデータによれば、重要でも緊急でもない仕事に年間でも半日以上も時間を費しているということ。時間を増やすためには、まず、こういう緊急でも重要でもない時間をリストラすることが必要になります。

他にも自分に関係ないccメールを開いて削除したり、緊急でない資料のファイリングといった雑務もあると思います。少し考えればムダな作業だとわかりそうなものですが、そういう作業に限って続けてしまうことが意外とあるものです。

ある調査では、起床後、普通に仕事を始めてから寝るまでの間、緊急でも重要でもない仕事の時間は1日に5時間にも上ると言われています。こうしたムダな行動のために時間を節約するには、「時間の神リーダーシップ」を取ることが必須です。時間の神リーダーシップについては、後ほどご紹介します。

Point

中間管理職は、「重要でも緊急でもない仕事」に時間を奪われている

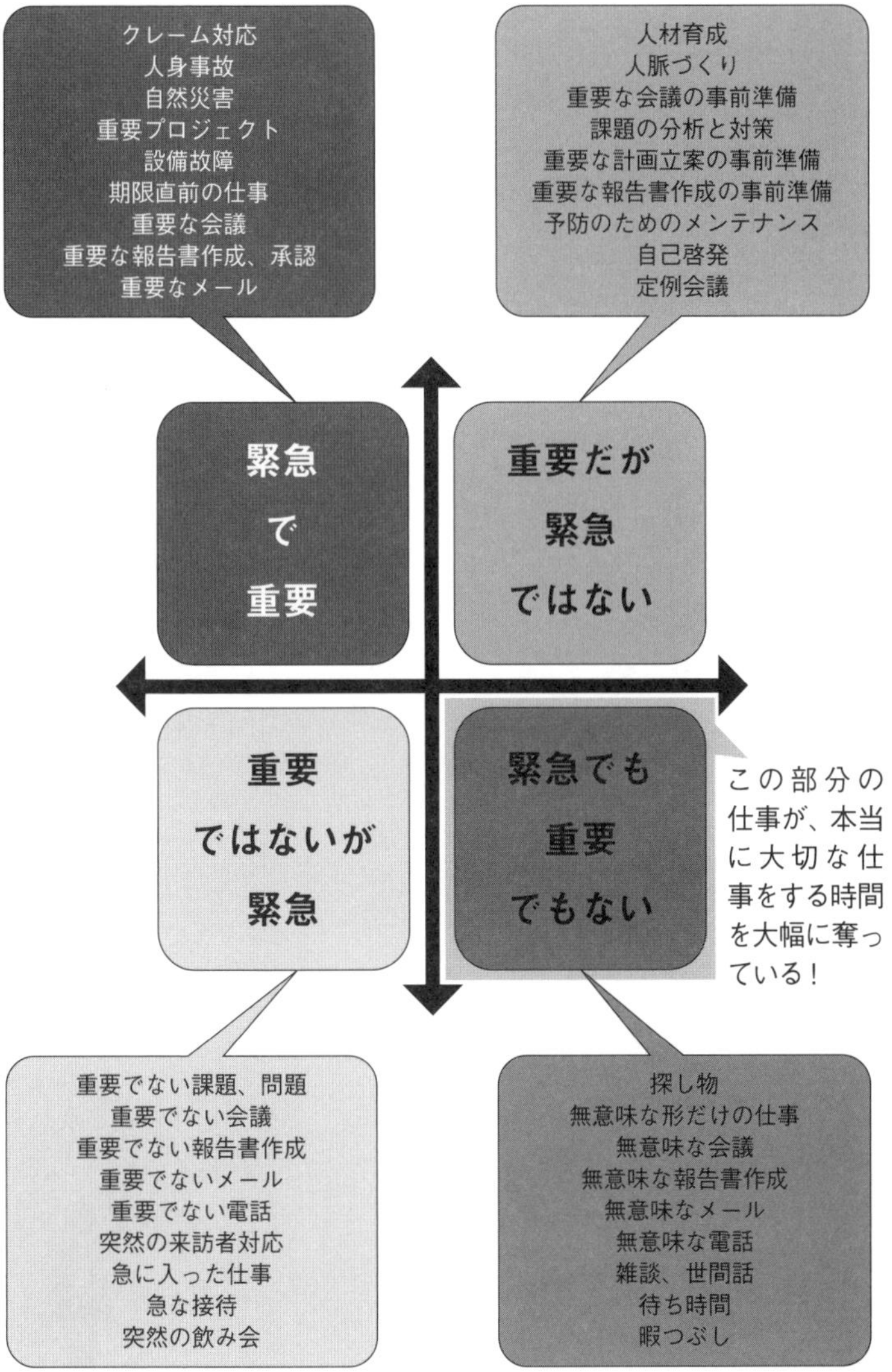
クレーム対応
人身事故
自然災害
重要プロジェクト
設備故障
期限直前の仕事
重要な会議
重要な報告書作成、承認
重要なメール
人材育成
人脈づくり
重要な会議の事前準備
課題の分析と対策
重要な計画立案の事前準備
重要な報告書作成の事前準備
予防のためのメンテナンス
自己啓発
定例会議
緊急で重要
重要だが緊急ではない
重要ではないが緊急
緊急でも重要でもない
この部分の仕事が、本当に大切な仕事をする時間を大幅に奪っている！
重要でない課題、問題
重要でない会議
重要でない報告書作成
重要でないメール
重要でない電話
突然の来訪者対応
急に入った仕事
急な接待
突然の飲み会
探し物
無意味な形だけの仕事
無意味な会議
無意味な報告書作成
無意味なメール
無意味な電話
雑談、世間話
待ち時間
暇つぶし

あなたは日々を「火消し」に追われていないか

もう一つ、真面目な中間管理職に多いのが、「重要ではないが、緊急の仕事」に時間を取られているということです。

なまじ真面目なだけに、次々発生する緊急の仕事に時間を取られ、本当に自分がやらなければならない仕事を疎かにしてしまうというケースがよくあるのです。

こういう行動をする人を私は、「火消し型マネジメント」と呼んでいます。

火消し型マネジメントでは、その場その場で問題に対処するために、火元が消火できておらず次々と問題が発生し、根本的な解決がままならなくなってしまいます。

以前、私の部下に会議の議事録を依頼したところ、発言者の言葉を一言一句忠実に再現し、ものすごく丁寧に仕上げてくれました。

彼は詳細な会議録ができたことで、仕事を達成したと考えていたのかもしれませんが、いうまでもなく、詳細な議事録を作ることは彼の仕事の目標ではありませんでした。さらに、リーダーとして、部下を目標に向かって導く使命がある人の仕事ぶりとしては、大きな問題があると言わざるをえません。

そもそも、会議の議事録の目的は何でしょうか。一言一句正確に書き写すことでしょうか？　もちろんそうではありません。その会議で何が話し合われ、誰の責任において、その議題がどのように処理されたか？　それを一覧で把握できるようにすることが目的です。

前述したように「アジェンダ」の役割が議事録には必要なのであって、まるで音声から文字を起こしたような議事録では、その目標は達成されていないのです。

議事録をつくることは確かに大切ですが、上司から依頼された仕事ということで、最優先に持ってくる仕事だったのかどうか、という問題もあるでしょう。

優先順位の順番間違い、仕事に求められていることの目標間違いなどで、毎日が火消しに追われている人が多いのではないでしょうか。

Point

「重要ではないが緊急の仕事」に追われないように注意する

「時間のリーダーシップ」で生産性を数倍にする

「時間のリーダーシップ」とは、何のためにその作業や行動をするのかを徹底的に考え抜き、優先順位をつけて処理していく、ということです。

自分の理想の実現のために時間を活用するためには、なるべく無意味な時間を減らすことが重要。そのためには、何のためにその時間を確保するのかということを明確にしなければいけません。そこで必要になってくるのが、神リーダーシップなのです。

「上司に言われたから」

「顧客が怒っているから」
「何となく」

で仕事をスタートさせず、重要度と緊急度に分けて仕事を考えていきます。

ここで多くの人が陥りがちなのが、何のためにこの仕事を行うのか？　この仕事はどのくらい重要で、どのくらい緊急性があるのか？　というレベルで仕事の分析を終わらせてしまうことです。ここで問題なのは、組織として大切な「何を一番先に決断しなければならないか」の優先順位が決められていないということです。

それはつまり、職場に神リーダーがいないからにほかなりません。今、まさに従事しようとしている仕事が会社全体、部署全体、課全体にとってどれだけ重要かを判断する人がいないのです。だから結局、各々の行動が「火消しマネジメント」に陥ってしまうのです。これでは会社とあなた自身の目標の実現も、夢のまた夢になってしまいます。

そこで必要とされるのが、神リーダーシップです。

今上司から依頼されている仕事、または取引先から来ている仕事、果たしてその仕事の重要性は本当に重要度が高いのか、また本当に緊急なのかについて、一つひとつ吟味していくのです。そうすることで、今まで見えなかった時間の尺度に加え、違う尺度が見えてくることがわかります。

つまり、「その仕事は、どのくらいの期間重要なのか？」ということです（126ページ参照）。

仕事の本当の意味や意義がわかれば、仕事を処理する順番にさらに細かい順番をつけることができる、というわけです。もっとも付加価値の高い仕事から処理することになるので生産効率が高く、アイドルタイムを減らすことができます。

この作業を行えば行うほど、一つの仕事に対する生産性は向上していきます。ただし、仕事の優先順位をさらに深く分析するので、集中力が必要です。就業中にはなかなかできないでしょう。

そこでおすすめしたいのが、朝時間の活用です。

Point

組織全体を見て、仕事の優先順位を決めて対処する

始業前の1時間は4倍の仕事ができる

朝は誰にも邪魔されず、自分の仕事に集中することができます。特に自社の社員はもちろん、取引先やお客様なども出社していないので、対応に時間を取られることもありません。

私は早い時には朝の6時に出社していましたが、その時に行っていたのが、仕事を始める前に全体像を把握することでした。全体像を把握すると、前述したように、仕事を処理していく順番をかなり正確に整理整頓できます。このため、実際に仕事をすると通常の4倍以上の速度での処理が可能になりました。

そのため、私は毎朝、始業前の1時間を一日の仕事のプレビュー（見直し）に充てています。具体的には、次のようなことです。

❶前日に決めておいた、本日やるべき仕事の優先順位をもう一度確認する
❷会議のアジェンダを確認し、どのように進めるかをシナリオ化する
❸顧客、上司、部下への報告、連絡事項を再度見直す
❹他部署との調整事項を再度見直す
❺自分で片付けられる仕事（メール連絡、報告書の承認など）は早めに処理する

こうした作業を行うと、気分も爽快になり、部下たちの出勤を快適に迎えることができました。その余裕そのものが、仕事の効率を上げてくれる気がするのです。

Point

始業前の1時間を一日の仕事のプレビューにあてる

イレギュラーが発生した時のために

実は、作業前に全体像を把握することで、イレギュラー案件（クレームなどの突発的案件）が発生しにくくなるという副次的な効果があります。なぜなら、一日の仕事のレビューをすることで、イレギュラーが発生しそうな仕事に事前に手を打つことができるからです。

仕事にイレギュラーが発生するしくみは、次のようなものです。

だいたいイレギュラーが発生する時に限って、仕事の全体像をほとんど把握していないというケースが多いものです。そのような状態に加え、仕事の重要度や緊急度が曖昧な状態にあるのです。

上司に「緊急」と言われたから最優先で処理したのに、結局必要なかった、などということもあると思います。

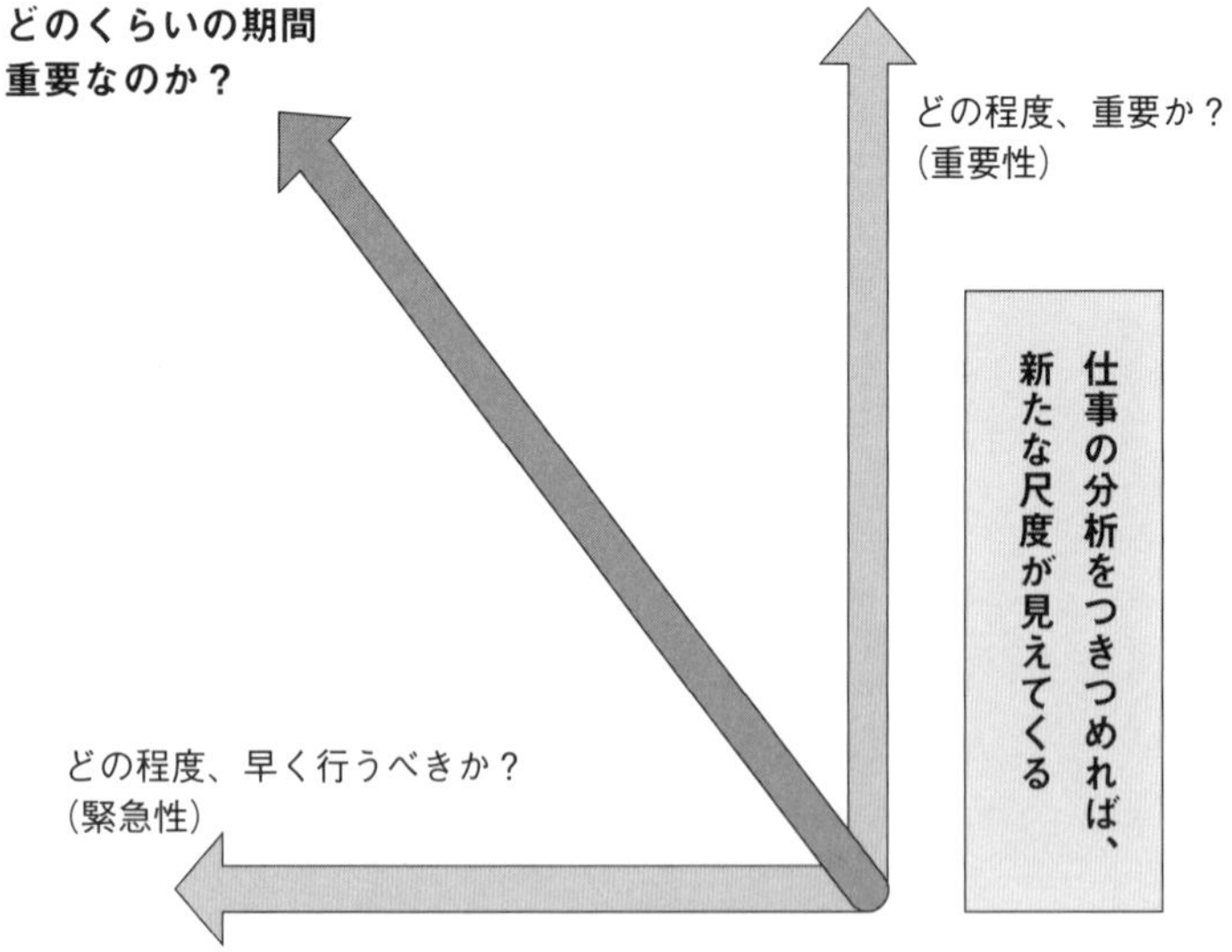

また、万が一イレギュラー案件が出てきたとしても、すでにどのように一日を過ごすのかシミュレーションできているので、イレギュラーにも正しく対処することができます。

「今日の仕事はどのような流れでいくか」
「顧客に対してどのようにアプローチするか」

それらを1時間でプレビューして、シミュレーションします。朝は脳が整理されていてスッキリしているということと、1時間という締め切りがあるので、非常に効率的に仕事ができるのです。私がお会いした多くの上場会社トップや役員クラスの方でも、早朝に仕事をされる方がとても多かったことがそれを裏付けています。

Point

作業前に全体像を把握することで、イレギュラーにも対応できる

不必要な仕事を捨てるのもリーダーの仕事

仕事に取りかかる前に、目の前の仕事が本当に重要か、本当に緊急なのかを徹底的に吟味することで、「今、やらなくてもいいのではないか？」という結論が出てくることがあります。

前述しましたが、上司が気分で思いついたことや、上司は重要だと言ったが、現時点では必要のない仕事があるものです。きちんと上司に説明した上でそうした仕事を省いたり、優先度を下げたりすることも、ふだんから仕事の整理整頓ができていれば、時間をかけずにできるはずです。

実は、この仕事の整理整頓のトレーニングが、あなたが普通のリーダーで終わるのか、それとも神リーダーになれるのかの分かれ目になります。

私の課長時代、部下が仕事を抱えすぎて、前に進めない状態になっていました。真面目に仕事をこなそうとする部下ほどそういう傾向があるのですが、その部下に対して、行き詰っている仕事を整理整頓し、優先順位を明確に決め、窮地を救ったことが何度もあります。

ご存じの通り、経営トップや上司は、思いつきで指示をするケースが少なくありません。好奇心旺盛でチャレンジ精神にあふれた社長や上司に多いのですが、やりたくなったら我慢ができなくなり、すぐ行動に移してしまうのです。

私が会社員時代によくあったのが、上司が会議の席上、議題に関係ない上司自身が解決できずにいた案件を思いつきで持ち出し、それらすべてをすぐやるよう、指示を出すケースです。こういう指示による仕事は、重要性も緊急性も無視した突発的な仕事であることが多いものです。

こうした思いつきの指示と、絶対に行わなければいけない指示というのがあると思いますが、部下は神リーダーと違い、見ている視点が低いためにどの仕事を優先させ、どの仕事の優先順位を下げる、または切り捨てればいいのかを迷っているうちにチャンスを逃してしまったり、問題が拡大してしまったりするので、できる限り迅速に対応する必要があります。

そこで、仕事の重要性や緊急性を熟知しているあなたがリーダーシップをとって、適当な指示を大胆に切り捨てる必要があるのです。切り捨てた上で、自分のチームが本当に向かうべき目標に向かって、行動させるのが神リーダーの役割です。

Point

チームのために不必要な仕事を見極め、捨てる決断をするのもリーダーの仕事

仕事量をダイエットできる魔法の質問

現時点で、その仕事は本当に必要か？　自分に与えられたタスクの中をプレビューし、リニューアルし続けることが、神リーダーに与えられた使命です。しかし、どのようにリニューアルすればいいのでしょうか。

タスクをプレビューした時に、自分に次のような質問をするとよいでしょう。

❶その仕事は本当に必要か？

上司の思いつきや会議のノリで生まれた業務かどうかを確認します。チームとして最優先で考えなければいけない目標やゴール地点をもう一度見直すことで、現時点で緊急度と重要度が高い仕事に着手することができます。

❷その仕事はしくみ化できないか？

新たにチームとして携わる仕事が増えた時、真っ先に考えなければならない質問がこの質問です。新しい仕事でも流れ作業化できれば、処理時の負担を下げることができます。仕事に取り掛かる負担を減らすことができるということは、いつでも取りかかれるということ。その仕事の緊急度を劇的に減らすことができます。

❸それは部下にもできるか？

部下に任せられる仕事であれば、どんどん権限移譲すべきです。部下に任せられる仕事が増えれば増えるほど、自分は最も重要な仕事、つまり、人材育成や販売戦略、利益計画の策定など、「重要だが緊急でない仕事」にコミットすることができます。

❹それは後回しにできるか？

この視点は、この上なく重要です。仕事を分ける時に重要度と緊急度というだけではなく、今は「緊急で重要だが、1時間後には緊急でも重要でもなくなる」という仕事の分け方をすれば、さらに細かく優先順位をつけることができます。

Point

不必要な仕事をダイエットできる魔法の質問とは、「その仕事は本当に必要か？」「その仕事はしくみ化できないか？」「それは部下にできるか？」「それは後回しにできるか？」

成功体験を得やすい仕事を最優先にする

これは、特に大きなプロジェクトや難しい仕事を抱えている時に重要な要素になるのですが、「仕事を『達成感が得やすい順』に配置する」ということです。

テストの問題を解く時、まず自分がわかる問題から解いていくように、確実にこなせて確実に売上が上がるなど、達成感が得られる仕事を全体的な重要度と優先度を考えながら、なるべく優先的に配置していきました。

大きなプロジェクトになると、どうしても歯車としての役割が大きくなるため、仕事に従事していても、なかなか達成感が得られない時があります。そうした状況を続けていると、自分とチームの士気にも関わってきます。

ところが、合間合間に「小さな達成感」を得られる仕事（顧客への御礼メール、経営トップ・上司への進捗メール、報告書の承認・捺印など）を入れておくと、なんとか仕事をやり切ろうという意欲が湧いてくるから不思議です。達成感が出ると気分も前向きになり、なかなかはかどらなかった仕事もうまく処理することができるケースがあるものです。

今の20代は、ＳＮＳに自分のパフォーマンスを投稿するのが当たり前になっており、「他の人とは違う自分を認めてほしい」という承認欲求に飢えている人が多いと感じます。ダイバーシティの重要性の高まる現在、彼らの承認欲求を満たすためには、「仕事における達成感」が非常に重要です。挫折に弱いと言われる彼らの心を強くしてチームを導くためには、達成感のある仕事をこなしてもらうのが一番です。リーダーとして彼らにきちんと仕事を振れるよう、仕事の整理整頓を欠かさず行っていくことは非常に大事です。

Point

時間短縮には、成功体験を得られる仕事を最優先にするのがコツ

自分に直接関係ないメールは返信しない

重要でも緊急でもない仕事の中に、自分には関係ないメールの確認があります。昨今は、「コンプライアンス上、できるだけ関係者全員と情報共有しなくては」という責任感からか、直接的に自分に関係ないメールでも送られてくるようになりました。

中間管理職ともなれば、部下からの報告メールもたくさん入ってきますが、重要なのかそうでないのか、中身を判別する時間が非常にもったいないですよね。

私は、課長時代から、情報共有のためのｃｃメールは基本的に見ないことにしていました。その代わり、方向性や指示を仰ぐメールは、それと分かるように件名に書いておくよう部下に伝えていたのです。

本当に決断が必要なメールは、「課長、○○の件でご判断をお願いいたします」とか「必ず返信を下さい」「承認を下さい」「顧客Aの緊急案件です」「顧客Bからクレーム発生」など、要件を見ればわかるように書かれているのです。

このように件名にわかりやすく書いてあれば、すぐに返信できます。私の場合、余計な挨拶は省き、結論と指示しか返信しませんから、二分以内には返信できています。

また、件名にリーダーが実行する内容が書かれていれば、常に秒速でメールを返信することができます。例えば、「三木部長、C社見積書の決済をお願いいたします」という部下のメールに対し、「C社の価格検討の件、第2案で承認しますので、早速、顧客と打合せして下さい。受注を期待しています。以上」と回答するのに、10秒ほどしかかかりません。

このようにささいなことも、しくみ化することで部下も簡潔で的を得たメールが送れるようになります。これは上司に確認してもらうものなのか、それとも決断をしてもらうものなのかなどを各自で検討するようになるので、一石二鳥というわけです。

Point

件名にリーダーが実行する内容を書けば、秒速でメールが返信できる

光速で次の仕事に移行できる頭の切り替え方

2人から一気に部下が増えて150人になったアメリカ出向時代は、いろいろな部署を担当していたので、すぐにその部署の課題や処理すべき問題に集中しなければなりませんでした。私も次の仕事に移行できる頭の切り替えで悩んでいたのですが、試行錯誤の末考案した、「神ノート術」を取り入れることで、すぐに頭を切り替え、容易に次の仕事に移行できるようになりました。

その方法とは、まったく異なる分野の仕事でもすぐに取りかかれるように準備しておくことです。当たり前のように思えますが、「必ず実行している」と言える人は少ないと思います。ダメリーダーと神リーダーでは、取りかかるまでの時間に雲泥の差があります。

行動心理学では、「過剰になりやすい行動」と「不足しやすい行動」のパターンで説明されています。

過剰になりやすい行動とは、すぐに実行できる行動のこと。たとえば、「スマートフォンでネットを見る」という行動は、誰でもすぐにできます。しかし、「資格を勉強する」という行動は、机に向かって本とノートを開いて……と、行動に取りかかるまで時間がかかるケースが多いものです。だからこそ、なかなか習慣化できないということになるわけです。

実は、今までの仕事から次の仕事に切り替える時に大切になることも、これと同じ。今、取りかかろうとするものの準備をしておけば、どんなに気が進まない仕事でも、すぐに取りかかることができます。

とはいえ、たとえば、現場に出向いて担当者と一緒に仕事に取りかかるケースなど、自分だけでは準備できない場合もあります。このような場合でも準備は可能です。「脳内準備」をするのです。

たとえば、今、自分が携わっている仕事があれば、その進捗や状況を手帳やノートに書いておきます。丁寧に書かなくても大丈夫です。箇条書きで重要なポイントだけ書いておくのが良いでしょう。

私の「ノート」に記載する内容は、とてもシンプル。それを見れば、今までの経緯が瞬時に分かり、即、次のテーマに移行できます。その項目は以下の通りです。

❶打合せ日時、場所
❷出席者
❸打合せ目的
❹結論（「どういう理由でこの結論に至ったか」をメモしておく）
❺アクションアイテム
❻今後のスケジュール

何について話したか、どこまで仕事を終えたかなどを、議事録形式でノートに箇条書きで、簡潔にまとめておくのです。こうしておけば、仕事を切り替えた時、まずそのノートや議事録を見直し、どこまで仕事が進んでいるのか確認できます。そうすると脳内ですぐに記憶が蘇り、その仕事に取りかかることができます。議事録やメモを取ることで、仕事をスリープ（一時休止）状態にしておくということです。

ところが、議事録やメモを取らない人は、その仕事に関しては脳の中が、シャットダウンされてしまっている状態です。こうなると、再度立ち上げるまでにとても時間がかかりますし、仕事に取りかかるのも遅くなってしまうことになります。どんな仕事でも、すぐ仕事に取りかかれるような状態にメモやノートで脳内を整理しておけば、生産効率は劇的に高くなるのです。

私はアメリカ出向時、この方法を最大限に活用していました。ノートに英単語でキーワードだけを書いて、箇条書きにしていたのです。当時はキーワードだけで、どのような理由で結論を下したのかという背景までは書いていなかったため、後日、詳細が分からなくなってしまったこともあります。ですから、「どういう理由で結論に至ったのか」という経緯をきちんと記載しておくことをおすすめします。

私は現在経営・技術コンサルタントをしていますが、クライアントごとにこの方法を採用しています。原則として、1クライアントにつき1か月に1回のコンサルですが、1つのクライアントの部署は多い所で5か所以上あり、すべてのクライアントの部署を合わせれば数十になりますが、私はその一つひとつのクライアントの状況と問題点を、瞬時に明らかにして、的確な解決方法を提案することができます。

そのような提案ができるのも、すべては、進捗状況（打合せ日時・場所・出席者・打合せ目的・結論・アクションアイテム・今後のスケジュール）を箇条書きで記載したノートや議事録を作っているからです。定時で帰れるように仕事を処理したいのであれば、この方法を使わない手はありません。

2016年10月13日
営業1課　N

議事録

1. 打合せ日時及び場所：
2016年10月13日（木）13：00〜14：05　@S社　本社

2. 出席者氏名：S社　T取締役　資材本部長、Y資材課長
当社　M（取締役　営業本部長）、（営業1課長）N（記録）

3. 打合せ目的
S社の岡山県で建設予定の新工場に関して打合せした。その新工場に、来月、設置予定のA装置用部品の商談で訪問した。最終の詰めを行う為、S社の資材トップと、当社の営業トップ同士の面談をセットアップした。

4. 結論
⑴A装置用部品35点全てを受注する事で合意した。

⑵当社として、7%の値下げ要求に対して、一式3%の値下げを行う事で合意した。

⑶半年後に設置予定のB装置用部品に関しても当社製品で検討して頂く事になった。

⑷次回の打合せ時に、当社の「高性能開発品」のプレゼンを行う事になった。

5. アクションアイテム
⑴A装置用部品35点の最終納期を工場と検討して、10月14日（金）17時までに、NからY資材課長に報告する。S社の希望納期は11月11日（金）である。

⑵S社の方で、B装置用部品の図面を11月14日（月）までに作成する。

⑶当社の「高性能開発品」のプレゼン日程をY資材課長とNの方で、調整する。

6. 今後のスケジュール
⑴B装置用部品の図面が完成後、当社の方で、見積書を作成し、11月16日（水）までにS社に提出する。

⑵11月21日（月）の週に、B装置用部品の商談の為、再度、S社　T資材本部長と、当社　M営業本部長との打合せ日程を調整する。

以上

Point

「神ノート術」の適用により、脳内ですぐに記憶が甦り、次の仕事に、瞬時に移行することができる

課題を光速で解決する行動プランニング

本書の読者には釈迦に説法ですが、顧客の課題解決には、その解決のためのプランを立て、実行し、チェックしながら微調整して、また行動するという「Plan」→「Do」→「Check」→「Action」の一連のサイクルを回していくことが不可欠です。

しかし、「神」レベルで仕事を処理するには、通常のやり方で回していては間に合いません。というのも、最初のプランニングの時点では多くのリーダーが近視眼的になって、目の前の事象しか見ていないからです。目先の利益のために計画を立てても、望むような結果は出ません。そこで、正しい結果が得られるプランニングをするためには、いわゆる

「Check」機能として重要な、「Observation（観察）とAnalysis（分析）」を繰り返す「緻密な現状分析」が大切になってきます。

つまり、「Observation」→「Analysis（分析）」→「Plan」→「Do」→「Check」→「Action」を高速回転させることが「神」レベルで仕事ができる秘訣と言えます。

ダメリーダーのプランニングには、ほとんど根拠がありません。根拠がないので、効果もイマイチです。そして必ずと言っていいほど、効果が出ない理由を経済状況など外部環境のせいにします。これでは、部下もモチベーションが上がらず、ゴールはどんどん遠ざかっていきます。

それに対し、神リーダーと呼ばれる人たちは、緻密な現状分析からスタートします。PDCAサイクルの中でも、彼らはチェックの「C」から始めるのです。

少し専門的な例えになりますが、お客様から、自社製品のスマートフォン用リチウム電池バッテリーの寿命を、現在の2年から倍の4年にしたいというニーズがあったとしましょう。

ダメリーダーは、抜本的な見直しをせず、現行部品の品質改善だけで寿命の改善計画を作ろうとします。ところが、実際に計画を走らせて試作してみると倍どころか、1・1倍程度にしか伸ばせない。こういうことは日常茶飯事。「作ってみたけどダメでした」はダメ技術リーダーの常套句です。

神リーダーであれば、プランニング前にあらゆる障害になる事態を想定しています。そして、事前に、リチウム電池の負極材料を変えたり、電解質を改質したりなど、色々なパラメーターを抜本的に変化させ、充放電特性をチェックした上で、確実に寿命を倍に延ばすことができることを見込んで、寿命の改善計画を立てます。つまり、目の前の小手先の改善ではなく、鳥の目を持ち、物事の本質は何かと見極めた上で、将来を見据えた抜本的な改善をせよということです。

確実に実現することを想定してプランを立てるので、次に計画を立てるときにもブレがありません。着実にチェックを積み重ねることで、より付加価値の高い製品を提案・提供することができるのです。

Point

課題を光速で解決する行動プランニングとは、PDCAをスタートさせる前に、「Observation（観察）」と「Analysis（分析）」を繰り返す「緻密な現状分析」

目線を上げ、ゴールまでのシナリオを先読みする

結局のところ、神リーダーとダメリーダーの違いは、「ゴールまでのシナリオ（売上計画）をいかに想像できているか」というところに尽きます。

ダメリーダーは自分の部署の中しか見えていないため、売上計画や製造計画を自分たちの都合で解釈するか、前例を踏襲して計画を立てるかしか選択肢がありません。

しかし、神リーダーは、営業部門であってもどのような製品を製造し、どのように販売するのかという製造から販売までトータルで考えることができているのです。神リーダー

は、俯瞰的に物を考えるので、営業担当であっても、自社製品を熟知するために、製造プロセスのことも知ろうと努力するのです。その結果、スタートからゴールまでのプロセスを把握できるようになるので、きちんと利益が見込める計画を立てられるというわけです。

しかし、会社を蝕む御用聞き営業の場合、得意先のお客様の所に行って「来月分の注文を目標売上げに到達しなかったので、今月につけてもらえませんか」と依頼するケースがあります。今月分は売り上げを達成するかもしれませんが、来月分の発注を前借りしている形になりますから、問題の先延ばしにしかなりません。このような状態が続けば、いつか破たんしてしまうものなのです。

そんな小手先のノウハウに頼るのではなく、神リーダーとして、自社の長所や弱み、顧客が自社製品を購入してくれる潜在的可能性、どのような商品を提供するかなど、すべてのシナリオを把握した上で販売計画が立てられるリーダーを目指したいものです。

Point

神リーダーは、製造から販売までトータルで考え、最大限の利益を出すシナリオを作る

第3章

自分の仕事を7割任せる「神」マネジメント

部下を「神」マネジメントすれば、自分の時間は3倍になる

この章では、神リーダーのマネジメントについてお話ししていきます。

ここでもう一度、神リーダーシップについて、思い出してみてください。神リーダーシップで最も重要なのは、次のようなことです。

目標や目的、ゴール地点を見つけ、チームや組織をそれに向かって導くことです。チームや組織を導くためには、目標や目的、ゴール地点を示すことも重要ですが、それにはリーダーに対する信頼感をチーム内に創出することが大切です。

すなわち、メンバーとの信頼関係をつくり、メンバーの能力を120%出し切らせるのが、「神」マネジメントです。「神」マネジメントを会得すれば、自分の仕事の7割を任せることができます。

部下に任せた仕事が成功すれば、その成果はマネジメントの評価として数倍になって

返ってきますし、仮に、自分の3割の仕事を部下に任せた場合でも、自分の仕事は約1・5倍分（部下に3割の仕事を任せるため、100％だった仕事が70％に。従って、100％÷70％＝1・43倍）できることになるのです。

さらに第2章で紹介した神リーダーシップを活用すれば、その時間を倍にして3倍にすることも夢ではありません。

「神」マネジメントのゴールは、リーダーシップのある人材を育てること。自分と同じ視点でふだんからものを考え、自ら決断して行動できる、「神リーダー予備軍」を育成することです。予備軍がいるチームとそうでないチームでは、生産効率が大きく違ってきます。「神」マネジメントが行われているチームでは、部下が思い通りに育たないとか、部下をうまく育成できないという問題は起こりようがないのです

では、どのようにして、「神」マネジメントを発揮すればいいのでしょうか？

私は「神」マネジメントでは、まず自分とメンバーとの信頼関係を築くことが何よりも重要だと考えています。

Point

「神」マネジメントのゴールは、リーダーシップのある人材を育成すること

「神」マネジメントを構成する3つのスキル

私は、「神」マネジメントは、主に3つのスキルで構成されていると考えています。

第一のスキル……「包容」力

どのような状況であっても、すべての人を優しく包み込み対処する力です。「愛」と言っても過言ではありません。愛情や思いやり、そしてパートナーシップに由来する力です。

実は、私も製造課長・部長時代は、会社の発展を思い、また、世相を反映してか、「鬼

神マネジメントに欠かせない3つのスキル

❶「包容」力

どんな状況下でもすべての人を優しく包みこむ力

❷「情熱」力

情熱を持って最後まであきらめずやり抜く力

❸「指導」力

チーム全員の力を合わせ、同じ方向に進める力

リーダー」になってしまっていました。結果として業績は得られたものの、部下はかなり不愉快な思いをして、大変だったと後から知り、深く反省しました。

その後、意識改革して、部下の将来を考えながら、愛情を持った、包容力のある指導ができるようになりました。そのことにより、営業担当役員時代に、リーダーとして、皆と力を合わせて、圧倒的な生産性で、前人未到の営業利益を達成することができたのです。

第二のスキル……「情熱」力

これは情熱を持って最後までやり抜く力です。この力は、「愛」を行動で示す力といってもいいでしょう。人は言葉によって動かさ

れるのではなく、相手の行動や実績に動かされるもの。部下と同じ目線でどれだけ行動できるか、そこがこの力の重要なところです。熱血漢、熱意と相手の行動に影響を表す言葉として表現されます。

「情熱力」、この言葉は、会社では私の代名詞になっていたのかもしれません。それほど、入社以来、任された仕事・プロジェクトは、短期間で情熱を持って、好結果で終わらせてきました。また、会社で、リーダーとして一躍名を上げることができたのは、会社を揺るがしかねないある大きなクレームが発生した時に、会社の実力者を適材適所に配置し、社を挙げてその問題を成功裏に収束させた時のことです。

その時は、会社のためというのもありますが、それ以上に、先輩、同僚、後輩、そして、その家族の方々(従業員の約4倍の人数の方々)を路頭に迷わさないためには、どう決断を下したら良いのかの一点を考え続け、寝る時間を惜しんで、心底、情熱を持ってリーダーシップを取り切りました。

第三のスキル……「指導」力

チーム全員の力を合わせ、同じ方向に進める力。一言でいえば「信頼」です。

リーダーとは、チームのメンバー全員の信頼によって選ばれている人です。リーダーへの信頼があれば、チームが一丸となって進むことができます。責任感、安心感、信頼感、統一力といった言葉によって表されるものでもあります。

私の場合、幸運なことに、多くの優秀な素養を持った部下たちに恵まれ、いつも、仕事のエッセンスとリーダーシップを指導していました。短期間でも仕事ができるようになったら仕事を7割任せ、それができれば、自分の後任として昇格申請を行っていました。

それを繰り返していたため、部課長候補として昇格申請を行った部下は、のべ40名ほどになります。小泉首相時代に「小泉チルドレン」という言葉が流行った時、部下たちが自分たちを自ら「平成の三木チルドレン」と命名し、進んで、チームとして私のサポートをしてくれながら、会社の発展のために貢献してくれたのです。

Point

「神」マネジメントを構成する3つの力とは、「包容力」「情熱力」「指導力」

リーダーに愛がなければ、部下は動かない

平成生まれが含まれるメンバーが、何によってモチベーションを生み出すことができるのか、それは、そのチームにどれだけ愛情や信頼感があるかということです。それは冒頭で紹介したGoogleの研究成果でも証明されています（What Google Learned From Its Quest to Build the Perfect Team）。

私が尊敬する神リーダーの一人に、ノーマン・シュワルツコフ（1934―2012年）という有名なアメリカの軍人がいます。この人は、湾岸戦争で多国籍軍の司令官を務め、有名な「砂の嵐作戦」を立案、敵の裏をかいてわずか4日で勝利を収めた経歴を持つ人で、約100万人もの兵士を統率し、多くの部下に慕われました。

ある時、大学の経営学部の講義に講師として呼ばれた彼が、生徒から「部下がやる気を生み出すリーダーシップに、一つだけ必要なものは何か」と聞かれた時、答えた言葉は

「愛」でした。

危険を顧みず、勇敢に死地に飛び込んでいく兵士たちは、お金のために動くわけでもなく、上官が恐ろしいから動くわけでもない。本当に兵士が動くのは、愛だというのです。

愛には、いろいろな形があります。祖国の愛、神への愛、隣人への愛、崇高な理想のための愛、チーム愛、家族愛。こうした、チームのパフォーマンスを向上させる原動力となる「愛」の感情を引き起こす方法を見つけることのできないリーダーは、リーダー失格だとも語っています。

私は、こうした話を聞くたびに、リーダーには、「包容力」が絶対に必要だと感じます。事実、神リーダーたちは、皆、包容力を身につけ、部下たちを家族のように思い、愛情あるチーム作りを行っています。

包容力で、メンバーの意見を一人ずつ聞き、少しの短所には目をつむり、長所を優先して伸ばしてあげる。自分たちを信頼して、愛情を持って接してくれていると感じた時、メンバーは神リーダーに対して「神」サポーターになることができるのです。

チームがどんな状況であっても、包み込んで対処することができる。愛情や思いやりを持ってメンバーに接することができれば、メンバーは必ず成長していきます。

Point

神リーダーは、部下たちを家族のように思い、愛情あるチーム作りをする

部下への愛情は口先ではなく態度で示す

一つ、シンクロの井村コーチの例を挙げて説明をしましょう。

井村コーチが日本代表の監督に復帰した時、選手を評して「宇宙人」と語っていました。最初は同じ日本人なのかと思うぐらい、演技についての話ができない状態だったと回想しています。

たとえば、選手の演技に間違いがあって注意しても、選手たちはキョトンとして、その間違いに気がついていないことが多かったといいます。

本当にやってはいけない失敗と笑ってすませられる失敗の区別が、選手たちになかったのです。昔は、そういう失敗の違いは、自ら気づくものという認識が当然でしたが、今は違います。選手に気づけと言っても逆効果でしょう。

選手たちに、その違いが伝わらなければ指導はできません。そこで井村さんは、自分が変わることに決めたと言います。時には冗談を交えながら、選手が理解できるまで、粘り強く指導し続けたのです。

ある時には、「あんたたちは、コンビニの前で座ってスマホをいじっている子たちよりも一生懸命頑張ってる。だけど、その程度の頑張りやったらメダルは獲れへんよ」などと、厳しい言葉を投げかけることもあったといいます。

こうした厳しい言葉を投げかけるのは、選手たちのゴールの認識を入賞レベルから、メダルレベルにまで引き上げるためでした。厳しいだけではなく、時には冗談を言ったり、おどけたりして優しく諭すなど「アメとムチ」をうまく使ってコミュニケーションをとりました。

そうして、選手たちが井村さんを信じることで、メダルが狙える実力まで自分の視点を上昇させ、その努力が実った時がリオデジャネイロオリンピックでした。この大会では、3大会ぶりの銅メダルを獲得することができたのです。根気よく丁寧に愛情を持って育てることで、部下もリーダーを認めてついてきた好例といえるでしょう。

Point

根気良く丁寧に愛情を持って育てることで、部下もリーダーを認めてついて来てくれる

まず、誰でも発言できる場を作る

メンバー全員に発言する機会を与えるというのは、「神」マネジメントの基本です。

第1章で紹介したグーグルの研究結果通り、チーム運営が民主的であればあるほど、チームは優れたパフォーマンスを生み出すことが明らかになっています。

『失敗の本質―日本軍の組織論的研究―』（戸部良一、寺本義也、鎌田伸一他著・中央公論社）の中でも言及されているように、そもそも日本のマネジメント手法は、日本の昔の軍隊をイメージして作られている傾向があり、ずば抜けて優秀なリーダーが平凡な人たちを引っ張る組織か、リーダーはイマイチでも、ずば抜けて優秀な参謀が2、3人いて、リーダーの神輿を担ぐふりをして実際は彼らがなんでも決めている、というイメージがあります。

しかし、先のグーグルの研究によれば、日本のマネジメント層がイメージしている組織というのは、チームのパフォーマンスを下げ、まったく逆の効果を生み出してしまいます。心理的な安心感をチームに与えて、なんでも発言できるチームにしなければ、結果的にパフォーマンスは下がってしまうのです。

私は、入社当時からトップダウン型の組織、つまり、一部の人間だけが重要事項を決めて動かすマネジメント手法に疑問を抱いていました。

神リーダーたちが中間管理職時代だった頃の話を聞いても、自分が関わる現場を支える人の話をじっくり聞いているということが共通の特徴としてありました。

時にはお酒を酌み交わし、一人ひとりの苦労話や成功譚にとことん付き合ったことが信頼関係を生み出し、その後のコミュニケーションを円滑にすることに大いに役立ったといいます。

そのような話を聞いて、私も自分なりに工夫し、メンバーが発言する機会を設けていたのです。そのなかで最も力を入れていたのが、メンバーと行う個人面談でした。

私は部署が変わって新しいメンバーと顔合わせする時、また、経営目標が決まり、それをチームの目標、さらにはメンバーの個人目標に落とし込む時には、必ず一人ひとりと個室で個人面談をすることにしていました。

面談と言っても、30分から1時間半くらいかけて行う、カウンセリングに近い面談です。当時、製造課長の職にあった私が受け持っていた部下は50人ほどいましたから、2、3週間かけて行っていました。そんなに長い時間をかけてやるのか、と驚く方も多いと思います。実はそこに「神」マネジメントの真髄が隠されているのです。

個人面談で聞く内容は、大きく分けて次の4つです。

❶「現在、おもに何の仕事に従事していますか？」
❷「現在の仕事で、解決すべき課題や悩みはありますか？」
❸「仕事・プライベートに関係なく、解決すべき課題や悩みはありますか？」
❹「あなたの会社に対する希望と今後の目標を教えてください」

メンバーを適材適所に配置するにあたって、結局のところ本人の意思が大事です。❷と❸の質問は、本人の仕事に対する姿勢を見るための質問です。

メンバーの中にも、次の神リーダーになりたいという人がいます。そういう人たちは、必ずと言っていいほど仕事に対して、「（会社または上司が）こうすればうまくいくのに」という、現状への不満と改善策を持っているものです。現状に不満を持って改善策を提案するメンバーを抜擢することで、非常に伸びることがあります。

そして、❹の質問では、私は面談者に、「私を抜擢してほしい」という要望でも構わないと伝えるようにしています。抜擢してほしいと考えている人は、さらに上に行きたいという意欲とそれに伴う責任を引き受ける決意を持っている人ですから、神リーダーになれる素質があるということです。

「その人の目標がどこにあるのか」ということがわかれば、どれだけ仕事を任せられるかということがわかります。

Point

「神」マネジメントには、本人の本音を確認できるように、個室での個人面談が有効

面談は3か月に1度は行う

部下の動向を正しく把握するために、できれば3か月に1度は、個室での個人面談の機会を設けて、仕事の進捗や課題を聞きつつ、悩みをすくい取ることです。

悩みを聞いたら放置せず、チームで解決しようとする姿勢が大事です。チーム内で悩んでいるメンバーをリストアップして、直属の上司である係長や班長などの連携プレーで、チーム全体でフォローアップすることも必要です。

「空気を読む」というキーワードに象徴されるように、人間関係に悩んでいる部下が最近増えていると感じますが、こうした部下には本人の希望を尊重しながら、飲み会やコミュニケーションの場を作り、話ができる雰囲気にすることが重要です。

また、会議や朝礼を部下の承認欲求を満たす場として活用することも大事です。仕事で部下が成果を出せるようになれば、会議や朝礼、夕礼などで皆の前で褒めることです。皆の前で褒められることで、部下も徐々に自信がついていきます。

Point

部下が仕事で成果を出した時には、皆の前で褒めてあげて自信をつけさせることが重要

部下の悩みは、必ず部下と一緒に考える

面談で部下が悩みを抱えていることが分かった時には、一緒になって原因を考えてあげることが大切です。神リーダーの役割には、的確に部下の問題点を分析することも含まれます。原因が特定できれば、解決法は部下自ら実行するようになるものです。

私が会社員時代に聞いた部下の悩みは、大きく次の5つに分けられます。

❶職場での人間関係の悩み
❷自分のスキルの悩み（仕事が覚えられない、ミスのリカバリーが苦手など）
❸上司や部下の仕事ぶりに対する悩み
❹同期や同世代の人と比較した時の悩み（昇進が遅いなど）
❺プライベートの悩み（家族の問題や友人の問題など）

部下によって悩みはさまざまですが、一つの悩みが解決することで、他の悩みも、芋づる式に解決するということがよくあります。ですから、部下が今、最も悩んでいる悩みに注目し、それを解決するためにリーダーの自分がどう動けるか、と考えることが大事です。

ダメリーダーに限って、部下の動向をざっくりとしか見ていません。部下の個人目標やチームとしての目標の動向もあまり把握していないということすらあります。

これは会社規模の問題でもありますが、査定に関しても、なぜランクが落ちたのか、または上がったのかということについても詳しく部下にフィードバックする体制が整っていません。これでは、部下が希望を持って仕事に従事するということは、なかなか難しいのではないでしょうか。

東洋炭素ＵＳＡでのエンジニアリング・マネージャーとしての部下との査定面談は、非常にいい経験になりました。アメリカでは、まず部下の期初の目標に対し、その結果を部下自身で採点し、次に、上司である私が採点します。各項目での部下の採点との差異については、部下に対して説明責任があるため、しっかり根拠を持った査定をつけなければいけません。決してフィーリングだけではダメなのです。

仮にリーダー職の部下で十分に部下のマネジメントができなかった場合、明確な理由をつけてリーダーの座を降りてもらわなければいけません。そのためには、常日頃から部下の行動・成果を観察し、部下が納得できる説明ができないといけません。リーダーから外れるということは給与面にも直結するため、本気で査定し、部下に納得してもらった上で両者でその査定書にサインします。

アメリカは契約社会なので、上司がつける部下の査定書は、給与にも関わる重要な契約書です。それゆえに、アメリカでは部下の将来を考えて、人材教育しなければならない、と痛感したことを今でも覚えています。そのことが後の私の人材育成手法に大きな影響を与えたことは言うまでもありません。

ですから、課全体の目標を個人の目標に落とし込む時などは、個人面談をして161ページの質問で部下の現状を把握することがとても大切になります。職務上の問題や課題、個人的な悩み、希望など何でも教えてほしいという態度で部下に接することが必要です。

私が部下にこういう問題に対し質問をする際には、「私に何かできることはありませんか？」と聞くようにしていました。あまりプライベートの問題に立ち入られたくない、と考える人も少なくないからです。バレーボールの地域クラブに入っているので、なるべく定時に帰りたいという人もいました。

「上司とどうしてもウマが合わない」という悩みも多くあります。時には間に入って仲裁することもありました。双方の意見を聞きながら、わだかまりを解いたこともありますし、本当に合わないということであれば、双方が納得する形で部署を変更したこともあります。そうしたことができるのも、膝を突き合わせて個人面談をする大きな意義のひとつです。

Point

部下が悩んでいる時には、「自分に何かできることがあれば、遠慮なく言ってほしい」と手を差しのべてあげる

部下と相談しながら目標の方向づけをする

ひと昔前のリーダーは部下の意見を聞くことなく、トップダウンでチームの目標を決めていたものです。しかし、年功序列が崩れた今の時代、リーダーがそのような独断専行で、チーム運営をすると思わぬ失敗をすることがあります。

部下はよく現場のことを知っているので、部下の意見を尊重することで、現場と経営幹部の橋渡しをスムーズに行うことができます。部下が上司である自分より年上の場合、部下に遠慮してしまい、なかなか現場の実情を聞けないケースもあります。

しかし、リーダーは遠慮せずに説明を求め、それを課の目標に反映させなければいけません。部下もリーダーから前のめりで聞かれることで、自分の意見が尊重されていると感じます。部下と相談してチームとしての結論や方向性を決定すれば、運命共同体的な信頼感を生み出すことができるのです。

たとえば、あなたが別の部署からの異動で製造課長に就任したとします。しかし、製造課全体の目標や方向性を決める時に、一人では決めてはいけません。なぜなら、製造課が抱える事情がまったくわからないからです。

この課にはどのような設備があって、どのくらいの生産量があるのか、また稼働した時に、どのような問題点が浮き上がるのか？　設備のクセというものは、製造課の係長が熟知している場合があるので、係長とじっくり話すことが必要です。星野仙一さんが阪神タイガースを再建した時のように、問題と対処法を熟知しているキーマンを探し出し、把握することが大切です。

生産の現場でよくあるケースを例にお話ししましょう。

ある製品の生産量を、現状の1・3倍に伸ばす目標があるとします。ところが、現場に行ってその機械を調べてみると、生産量は現状維持が精一杯で、これ以上伸ばせないことがわかりました。機械によって生産能力に違いがあるため、それぞれの機械の特性を見ながら全体的な生産力を向上させる必要があるのです。

仮にA、B、C3つの機械があったとして、そのうちCに改良を施せば、目標を実現できるとしましょう。しかし、そうした現場の情報は、そのCを見ている係長にしかわかりません。

こうした現場情報がわからないと、経営陣が決めた目標に添えないケースが出てきたり、目標を達成するまでに膨大な時間がかかってしまうケースが生じてきます。目標実現までに時間がかかるとなれば、生産計画が崩れることもあるでしょう。その結果、会社、ひいては顧客の信頼を失ってしまうのです。

神リーダーは、その課の現状や問題点を知り尽くしている部下の把握に努めます。そしてその部下に聞いて、まず正しい現状把握から行います。キーマンが誰かわからなくても、個人面談をすれば、誰が現状を細かく把握しているのかが手に取るようにわかるのです。

たとえば、仕事上の課題と問題点を聞く時に、「現在の課の問題点はどうですか?」と聞いてみるのです。そこで、ある部下が「現在は課としては非効率的な状態で生産を行っています」と答えたとしましょう。そういう答えが得られれば、「どうすればその問題を解決できると思いますか?」と逆に質問してみるのです。

そうすることで、動線が悪いとか、人材教育ができていないとかという問題点が浮かび上がってきます。そして、その問題を解決するためには、どうすればいいのか？　とさらに深堀りしてみてください。すると、「もっとうまく加工方法を教えてあげればスピードが上がる」とか、「顧客訪問で製品の知識を増やすべきだ」といったさらに具体的な提案が出てくるはずです。

問題点まで把握できたところで、今度は組織全体でどうやってこの問題を処理すべきかを考え、改善策を実行します。すると、大きな視点でチームのことを考えている部下はもちろん、チームも大きく成長できるのです。

Point

部下と相談して目標の方向性を決定すれば、運命共同体レベルの信頼感を生み出すことができる

とにかく部下をよく観察する

私と同じ岡山県倉敷市立水島中学校の先輩で、尊敬する神リーダーの一人に、元プロ野球選手の星野仙一さんがいます。

星野さんといえば、闘将として名高い監督で、とにかく怖いというイメージを持っているかもしれません。審判と言い合いになったり、判定に納得が行かずにベンチを蹴飛ばしたり……。

しかし、実は星野さんがそれほど怒るのは、選手たちと「ゴールまでの目線の高さ」を合わせるためだったのです。星野さんは、「自分はボクシングのセコンド」とおっしゃっている通り、選手と一緒に戦っているんだという、監督と選手の一体感をつくるための星野さん流のリーダーシップの表れだったのです。

北京オリンピックのアジア予選では、3試合を通じて、グラウンドコートに袖を通さなかったといいます。その理由は、コートを着るなんて選手に失礼、自分も選手と一緒になって、戦っている姿勢を見せるために着なかったのだそうです。

また、星野さんは、特に主力やベテラン選手に対しては膝を交え、それぞれの選手が抱えている悩みを聞いていたそうです。場合によっては一言も発せず、長時間の聞き役に徹したと言います。闘将として熱い場面ばかり私たちは見ていますが、実は綿密に部下のことを気にかけていたのです。

さらに、各々の部署で長所を持っているベテラン選手がいれば抜擢し、時にはコーチとしての責任と権限を与えました。チームの実情を知り尽くしたベテラン選手を通じて選手の人となりやチームの事情をくまなく調べ、悩んでいる選手にはそれとなく声をかける。自分のことを監督が見てくれているとわかれば、選手は発奮します。そして、自分やチームが目指すべき目標を再発見し、自分の仕事に徹することができます。だからこそ、星野さんが育てるチームは結果を出すことができたのです。

Point

**チームをつぶさに観察すれば、
やるべきことは自ずと見えてくる**

どんな部下でも確実に育つ
5段階マネジメント

本人の意思を聞いて、どんな仕事を任せるかをだいたい決めたら、その人のレベルにあった仕事を依頼します。

部下が与えた仕事を着実にこなさないとか、思い通りに動かない、育たないという問題が起きる原因は、部下自身ではなく、今後、リーダーになるために必要な仕事を与えていないリーダーにあります。そこで、「リーダーとはどうあるべきか」ということを事前に指導しておいた上で、リーダーシップを発揮しなければ解決できない仕事を、依頼時に混ぜておくのです。

もちろん、いきなりリーダーとして責任の重い仕事を与えると問題も大きくなりますし、部下も成功体験を得にくくなり、モチベーションが下がってしまいます。その人が持っているリーダーシップレベルに合わせて、仕事を与えるようにするべきでしょう。

私の場合、「新入社員レベル」「入社3〜5年レベル」「主任レベル（部下1、2人）」「係長レベル（部下3〜5人）」「課長代理レベル（部下5人以上）」の大きく5つのレベルに分けて、神リーダーになるための仕事を与え、リーダーシップを育成し、徐々に権限移譲していくようにしていました。

❶新入社員レベル

まず、リーダーの素養がない新入社員レベルからお話ししていきます。

学生からスライドした新人は、当然業界について何も知らない人がほとんど。名刺交換や顧客との会話の仕方などから学んでいかなければならないと思いますが、彼らを将来、神リーダーとして育てたいのであれば、それらと同時進行で取りまとめ役、幹事役をやらせるというのが重要です。

新入社員という立場に甘んじていれば、目線も新入社員のまま。いつまでたっても自分で考えたり、行動したりできません。ですから、何かの取りまとめ役をやらせるのがいいのですが、仕事ではプレッシャーが大きすぎます。そこで、社内の歓迎会や慰労会などの幹事役を任せることで、「リーダーとして社内のコミュニケーションの場を仕切る」という経験をさせてあげるのです。

飲み会の幹事といっても、バカにはできません。予算や会場や時間、人数、メニューなど、いろいろなことを自分で考え、決断しなければいけません。そのためには、全体を俯瞰しなければいけませんし、いろいろな人の意見を聞かなければなりません。

まず大変なのは、参加者のスケジュール調整です。部署の決定権者のスケジュールをまず抑え、次にそれに合わせて参加する上司のスケジュールを抑えていきます。

同時に、飲み会の場所の選定もセンスが問われます。参加人数も20〜30人規模になると、各々のスケジュールが重なり合い、調整が難しくなります。

予算を立てるのも、幹事にはとても重要な役割です。飲み会では、上司にいくらか余計に出してもらうというのが常ですが、それも含め、どのくらいの金額であれば、少ない負担で公平に楽しむことができるのかを考えます。会費をいつ徴収するのかを考えるのも、いいトレーニングになります。

また、飲み会のプログラムを考えるというのもとても重要な経験です。乾杯の音頭は誰にとってもらうのか、何時頃にどんなイベントをするのか、締めの挨拶は誰にお願いするのかなど、過去の事例も参考にするために、先輩にヒアリングをする必要もあるでしょう。

このように、新人を宴会の幹事役に抜擢することによって、草の根レベルから、神リーダーの視点から物事を考えたり、実行できたりする人材を育てていきます。

❷入社3〜5年レベル

次に、入社3〜5年の部下のリーダーシップの育成方法です。

この頃になると、日々の仕事にも慣れ、今後、会社の中核として嘱望されるパフォーマンスを発揮する人材も出てきます。しかし、この大事な時期にきちんとリーダーシップを学んでおかないと、身勝手さばかりが目立つようになり、その後の成長が望めない人材になってしまいます。それは、本人はもとより、会社の大きな損失です。

この時期は、本人の性格にもよりますが、相手の希望と現実的なスキルがどこまであるのかをじっくりと個人面談で見極めることが大切です。そして、リーダーシップを磨いてもらうために、新入社員の指導役にするというのがポイントです。

この時期では、大まかにはわかっているつもりでも、実は細かいところはあまりわかっていない、わかったつもりになっている人も多いものです。その時に、自分の後輩を指導するというアウトプットをしてもらうことで、仕事の細かい部分まで学び、本質を理解するとともにリーダーシップも育成するのです。

実際に人に教えるというのは、とても大変な作業です。仕事を教えるためには、仕事の奥深いところ、コツの部分まで自分で体得しておく必要があります。製造部門などで教えるためには、作業マニュアルが必要な場合もあります。

大手企業でも、メンター制度を導入しているところでは、入社3～5年目の社員に対し、新入社員のメンターとして活動するように指導しているところもあります。こうして若手社員は自然とリーダーシップを学び、さらに、忙しい中間管理職の負担を軽減できるるのです。二つのメリットがあります。リーダーシップを学ばせるには、若ければ若いほど効果がある……

❸主任レベル（部下1、2名）

主任レベルになると、部下が1、2名ほどその人の下につくことになります。このレベルでは、最低限のリーダーシップが備わっていると考えられますから、部下とのコミュニケーションの取り方に力を注ぎます。具体的には、「報告、連絡、相談」の3つのコミュニケーションを常日頃から部下と取るトレーニングをします。

部下にもいろいろな性格の人がいます。特に能力のある部下ほど、自分のやり方に固執する傾向があります。そうなると、報連相が遅れてしまい、独断専行ケースも出てくるかもしれません。そのようなことがないよう、報連相によるコミュニケーションをとることができるようにしておきます。

たとえば、部下2名で各々が10社ずつ会社を担当している場合、絶えず状況を報告してもらい、製品に対する要望があったら上司に相談するなどの対応を取ります。部下の吸い上げてきた要望を通じて、他の課や部署などと交渉するリーダーシップを身につけてもらうのです。

ある企業では、「評価育成手帳」という手帳を作って、部下とのコミュニケーションに役立てているところもあります。手帳には部下の行動を観察し、その行動を行なった時にどれだけの成果があったか、今後の課題などについてメモを取るしくみになっています。この手帳の内容を参考にして、部下の具体的な行動に基づいた評価やキャリア面談に生かしているといいます。

私の場合、部下全員の個人面談結果を記載したA４用紙一枚をファイルしておき、毎週1回、金曜日に必ずレビューしていました。そうすることで、部下本人も忘れてしまっている具体的な行動や成果などに触れながら、評価や面談を行うことができ、上司は自分の細かい点まで評価してくれていると感じてモチベーションが上がったという話を、部下から聞くことが度々ありました。

❹係長レベル（部下3〜5名）

部下が3〜5名ついた係長レベルでは、その上の課の運営まで考えることがポイントになります。このレベルでリーダーシップを身につけられないと、万年係長になってしまう可能性も高くなります。神リーダーとして育てるのであれば、課の運営に関する仕事を3～4割までやらせておくことが重要です。

たとえば、営業部門であれば課の予算をどうやって達成するかという販売戦略の立案を係長に依頼します。製造部門であれば顧客のニーズを分析させ、製造計画を提案させます。年間で生産量をどこまで上げるか、また経費の予算管理などを見てもらいます。係長のレベルで、ほぼ課長の仕事をしてもらうことになります。

❺課長代理レベル（部下5名以上）

課長代理レベルでは、課長とほぼ同じことを業務として行えることが条件です。

すでに係長段階で3～4割の仕事を任せているはずなので、この割合をさらに増やして7割任せるようにします。ここまでのレベルに到達すれば、あとは自分がいなくても課が回るくらいには部下はレベルアップできているはずです。常に一つ上の役職の仕事を与えて権限移譲を行なっていけば、自然と部下は仕事を覚えていくものです。

ポイントは当人がどこまで成長したいのか、面談できちんと聞いておくことです。そのレベルに合っていないとしたら、レベルを下げてあげるのもリーダーの役割です。

Point

どんな人でも「神部下」に育てられる5段階マネジメントを自分なりに工夫しながら実践しよう

部下の視点を劇的に引き上げる報連相マネジメント

部下の視点を見ることで、その部下がどのように問題を把握し、どうやって処理するのかということが手に取るようにわかるようになります。その部下の視点を見るために重要なのが報告・連絡・相談、つまりホウレンソウです。

このホウレンソウをみながら、部下をマネジメントする方法を紹介しましょう。

私は製造課長時代、設備の維持管理責任者も兼務していました。設備というのは、時として予期せぬトラブルが発生するものです。対応策を考えるためにも、状況をつぶさに報告してくれる部下からのホウレンソウはとても重要です。しかし、部下によっては、さまざまなホウレンソウの仕方があります。設備の水漏れ事故を想定して、製造課長に報告、相談する5人の部下を例にお話しします。

❶事実のみを報告してくる部下の場合

「大変です。A設備に水漏れ事故が起きました」と報告する部下がいます。水漏れ事故なので大変なのは当然ですが、対策も何も考えていない場合です。

部下の視点は傍観者になってしまっています。これでは、単なる指示待ち部下です。このように対応をしてくる部下に対しては、どのように、対処したら良いのか教える必要があります。できれば、先輩を1人付けてあげるとよいでしょう。

❷対応策を相談してくる部下の場合

「A設備に水漏れ事故が発生しました。どうすればいいでしょうか」と相談をしてくる部下もいます。

こうした部下は❶と同じ指示待ち部下でも、事実だけしか報告しない部下に比べ、上司へ相談してくるだけまだましです。しかし、自分の考え方で工夫して、報告をしようという考え方が見られないので、報告や相談の仕方を教える必要があります。

❸対応策の選択を提案してくる部下の場合

「A設備に水漏れ事故が発生したため、対策を3種類ほど検討してみました。どれにしましょうか」と相談する部下もいます。

こちらも基本的に指示待ち部下ですが、対策を検討するところまで自分で考えることができるので、その点は評価できます。しかし、どの対策方法が最適なのかを自分なりに判断してもらう必要があります。仕事を任せて思い通りの結果が生まれるようになるには、もう少し時間が必要です。

❹最適な対応策を提案してくる部下の場合

「A設備に水漏れ事故が発生しました。対策を3種類検討した結果、最適なのは、この方法だと考えますが、よろしいでしょうか」と相談する部下もいます。

水漏れ事故の報告と共に、対策を検討し、その中でも自分で最適と思える対策を選んだことは、リーダーシップの面で大変、評価できます。このレベルがあれば、仕事を任せても自分の思い通りの結果をもたらしてくれる部下になるでしょう。この部下には今後、いろいろ、仕事を任せてさらなる成長の機会を与えてあげましょう。

❺最適な対応策をすでに打ち、報告、連絡、相談する部下の場合

「A設備に水漏れ事故が発生しました。設備担当の人と相談した結果、3種類の対策が有り、応急処置として、このような処置をしました。今後、このような水漏れ事故が起こらないような予防処置として、4種類の方法があり、これには、費用が発生しますので、業者へ見積依頼をしております」と、事故発生当日に、応急処置、予防処置まで検討してアクションを起こした上で、上司に報告する部下もいます。

状況にもよりますが、トラブルですから緊急性を要する場合があります。こうした時に事態を収拾する意味で対策を打った上で、自分に報連相してくれる部下がいると会社の収益性は大きくアップします。

こうした部下を育てるには、日頃からチームが向かう方向性やゴール地点がきちんと部下に伝わっていることがとても重要になってきます。また、このような優秀な部下を次の課長候補として、仕事を任せていくことが大切です。

部下から上司への報告、相談は非常に重要です。特に、緊急な問題が起きた時、先読みして仕事ができる部下をどのように育てていくかが重要です。上司にとって、いろいろなパターンを考えられる引き出しの多い部下は、本当に頼もしい部下と言えます。

Point

報連相を見れば、マネジメントすべき部下の能力がわかる

それでも仕事を任せられない場合

自分のやり方に強いこだわりを持っているリーダーの中には、部下に任せていると「やっぱり見ていられない。自分でやった方が早い」という人もいると思います。

そういう人におすすめなのが、部下の仕事のプロセスを確認することです。部下がどのように仕事をするのか、プロセスを見れば、リーダーが望むような結果が出るか、出ないかはすぐにわかります。

仕事を依頼した時には、どこまでこの仕事を理解しているかをまずリーダーが把握します。部下がその仕事をどこまで理解しているかどうかは、ゴールに到達するまでのプロセスを見れば一目瞭然です。

そのためには仕事を部下に渡す前に、リーダー自身がまずゴールを見せます。そして、部下が仕事に取りかかる前に、どのような順序で仕事をこなすのか考えてもらうのです。

その考え方を見れば、どういう結果になるのか予想できます。考えもなしに仕事に取りかかろうという人は、一つひとつのプロセスに明確な理由がありません。

たとえば、行動の理由が「何となく」の場合であれば、以前、行なったことをそのまま実行しようとする前例踏襲主義の人もいるでしょう。行動に理由をつけさせて、どこまで自分がリーダーとして納得できるかを見ながらチェックします。理由が適当だったり、前例を踏襲するだけだったりするものであれば、もう一度、きちんとゴールまでのプロセスを考え直させましょう。

その時、ただ単に否定するのではなく、「この部分はいいが、ここはもう少し検討が必要」など、その部下の努力の跡が見える部分を褒めてからアドバイスをすると、部下も喜んで聞いてくれるでしょう。

ゴールまでのプロセスの理由を考えられる部下は、部下に教えるのも上手です。ゴールを達成するプロセスに、自分なりのいろいろな工夫をこらしているからです。

Point

仕事の内容を理解していない部下には、ゴールに到達するまでのプロセスを丁寧に指導してあげる

優先順位をつけて仕事を依頼する

仕事のゴールへのプロセスをチェックしてみて、ちょっと不安だなと思ったら、他の仕事を任せるとか、難しい部分は自分で行うなどの工夫をしましょう。

丸投げしている状態では、必ず問題が起きます。そして、部下のモチベーションが下がるだけでなく、リーダーへの信頼も失われてしまいます。この状態で部下が育たないと言っても、当たり前。丸投げはその場しのぎにしかなりません。部下にはきちんと仕事を任せてあげましょう。

仕事の重要度や緊急度は、リーダーの視点から見るとよくわかるはずです。そして、一度、じっくりと個人面談するとその人の希望だけでなく、個性や長所、キャラクターなどもわかるはずです。その上で、誰にどんな仕事を任せればいいのかをある程度、頭の中でシミュレーションしておきます。

重要度と緊急度だけで物事を分けるのではなく、どのくらいの期間、重要で緊急なのかという物差しを持って、常に自分のタスクを整理しておけば、部下に依頼するときも、そんなに難しくはないはずです。

また、自分の上司からの指示も、常に確認しておきましょう。前述した通り、なかには思いつきの指示もあります。時間が経てば、重要度や緊急度が下がる可能性もあります。そうした指示を捨てる決断をするのもリーダーの仕事です。常にタスクを整理して、リニューアルしておくことがマネジメントに支障を来さないコツです。

Point

神リーダーは、常にタスクを整理した上で、優先順位をリニューアルし続けている

仕事に慣れてきたら兼務させる

神リーダーの素養がある人は、自分のいる場所よりも、常に一段高い位置の仕事をしている人であり、いろいろな仕事を兼務しているケースが多いです。

ある神リーダーの一部上場企業会長のBさんは、若い頃に総合企画部の経営計画ブループマネージャーに抜擢されました。上司の部長は、「部長のつもりで仕事をしろ」と常に厳命していたそうです。そのため、Bさんは課長であるにもかかわらず、部長の許可を得たうえで、各部の調整から、常務会に提出する総合政策立案まで、部長の立場で仕事をしていました。

そのおかげで、Bさんは大いに成長することができました。自分がいるポジションよりも常に高いレベルに置いて物事を考え、行動することが自分を成長させるコツだと感じたといいます。Bさんは名実ともに社長になり、トップに登り詰めました。そして、中間管理職との懇親の機会を持つたびに、常にワンランク上のポジションに自分を置いて仕事をするよう伝えているといいます。

Bさんの例を見てもわかるように、常に自分の置かれた立場よりもワンランク上の行動をしていれば、自ずと上に上がっていくものです。

だからこそ、自分が認めた部下がいれば、どんどん仕事を兼務させた方が、彼らをさらに伸ばすことができます。兼務できる人材は常に問題意識を持ち、その課題を解決しようと努力しています。そのような部下に対しては、どんどんやりたい仕事をやらせるべきですし、その仕事を処理するための情報を開示し、共有するべきなのです。

ところが、ダメリーダーは、自分が持っている情報やノウハウを利用されてしまったら、自分の存在価値がなくなると考え、秘密にしてしまいます。

どんな会社にも、仕事のすべてを知っている生き字引と言われる人がいます。その知識を会社のため、社員のために活用すれば問題はないのですが、自分の地位を守りたいがためにその情報を独占してしまうのです。

私の製造課長時代も、そのような人がいました。幸い、工場にＩＳＯ９０００を導入する過程で、業務過程をすべてマニュアル化しなければならなくなり、結果的にはその人の知識を明文化することになりました。そのような秘密主義のリーダーは、制度が変わったり、システムが変わったりすれば、いずれ淘汰される運命にあります。
知識という日々変わる概念に執着するのではなく、より権限移譲を進めていくことで、自分も周囲も救われるものなのです。

Point

部下が一つの仕事に慣れてきたら、ステップアップさせるために兼務させる

毎日、部下にそれとなく声をかける

神リーダーと普通のリーダーの違いは、ふだんから部下に気を配っているということです。どんなに忙しくても頭の片隅に、どこか自分のチームのメンバーのことを気にかけているのです。

私の好きな神リーダーの一人で、かつてアメリカの陸軍大将として名を馳せ、その後、政治家としても名声を得たコリン・パウエル将軍は、部下である兵士の悩みをどのようにリーダーが処理するかということについて、次のように述べています。

「兵士が自分の悩みを相談しなくなったら、あなたはリーダーとして終わっている」

リーダーが部下の悩みを聞くということは、それだけリーダーシップに大きな影響を与えることなのです。

部下のことを気にかけるというのは、それだけで大きなメリットがあります。

私は朝の時間を有効に使いたいと考えていたので、早朝から出勤していました。毎日、始業前に部下たちが出社してくる様子を見ているうちに、声や顔色で調子が悪いのか、そうでないのかというのが手に取るようにわかるようになりました。

人間にはバイオリズムというものがあり、そのバイオリズムが低い時もあれば、高い時もあるものです。それを見分けるのも神リーダーの仕事です。昨日まであんなに元気に挨拶していた部下が、ボソボソと挨拶すれば、何かあったのではないかと感じるものです。

「目は口ほどにものを言い」という言葉があるように、表情は心を表現するもので、嘘をつくことで表情を変えるというのは難しいことなのです。眉間にシワを寄せて深刻な顔をしていたり、ちょっと肩を強張らせて出社した時には、悩みを抱えているという証拠です。私は、彼らにチャンスを見計らって、声をかけるようにしていました。

どのように声をかけるのかも重要です。「何か悩みでもあるの？」とストレートに聞いてしまうと、人は心に壁を作って、話したいことがあっても話しにくくなるものです。

そこで、「最近、どう？」「どんな感じ？」「元気？」といった軽い感じで質問をするのです。アメリカ人の気軽な「Hi, how are you?（やあ、元気？　どうしてる？）」といった感じです。こう聞かれると相手は、たわいもないことを話してもいいのだと、すんなりと話してくれるものです。実は、そのたわいもないと考えていることに重要な悩みが隠されているケースが少なくありません。そうやって気軽に声を掛けて、部下のメンタルヘルスを保つということも神リーダーの役目です。

Point

毎日、部下に「最近、どう？」と、メンタルケアも考えて気軽に声をかけてあげる

率先して部下の「悩み相談室長」になる

よく質問される内容で、部下のプライベートな悩みを相談された場合、どうすればいい

のか？　ということがあります。部下のプライベートにまで巻き込まれたくない、ということなのでしょう。

私は仕事であろうが、プライベートであろうが、部下の悩みには真剣に乗るべきだと考えています。なぜならば、悩みの相談を通じて目指すべきゴールは、部下と上司の心の垣根を取り払うことだからです。そのためには、どんなにささいなことであっても、真剣に相手の話を聞くことが大切です。

仕事で悩みを抱いている部下は、だいたいプライベートでも問題を抱えているケースが多いものです。そういう意味で、仕事とプライベートの問題は表裏一体の関係にあると言っていいでしょう。「仕事でないから相談に乗らない」という態度では、部下からの信頼を勝ち取るのは難しいのではないでしょうか。

プライベートの相談をどのように解決していいかわからないというリーダーもいると思います。しかし、解決するのは本人。最も重要なのは、その人の悩みに共感してあげる、ということなのです。

ですから、私は公私にこだわらず相談を受けることにしています。ある時、優秀な女性の部下から、「結婚したい相手がいるので会ってほしい」と言われたことがあります。上司としての視点で、相手を見てほしいというのです。

実際にお会いしてみるととても立派な人物で、結果的に二人は結婚されましたが、このような相談もあるのです。一方、人見知りでなかなか心を開いてくれないケースもあります。このような場合には、仲の良い人に仲介役になってもらい、悩みを聞いてもらうことも必要です。

Point

部下との心の垣根を取るためには、仕事、プライベートに関わらず、悩み相談に乗ってあげることが大切

まずは「頼れるアニキ・アネゴ」を目指せ

その昔、「リーダーは怖くなければ務まらない」「リーダーは嫌われるぐらいがちょうどいい」と言った鬼リーダーが正しいという風潮がありました。

しかし、心理学やマネジメントの科学的な検証が進むにつれ、ムチをいくら振るっても人は動かない、ということが明らかになりつつあります。前述したアメリカの陸軍大将の話にもあったように、結局、人間はムチでもアメでも動かないものなのです。

では何で動くのかというと、そのチームが持っているリラックスできる「雰囲気」だと私は考えています。

ある知り合いが経営するイタリア料理店で、こんな話がありました。

アルバイトにとって頼れるアニキ的な存在の店長は、アルバイトに対して役職や苗字ではなく、名前で呼ばせています。アルバイトが気さくに話せる雰囲気を作ろうという作戦の一つなのです。さらに、店長は週1回、アルバイトと食事をするようにしているといいます。その時には、仕事の悩みだけではなく、プライベートの生活の悩みにも喜んで乗ってあげるといいます。そこで就職活動が本格化したとか、サークルでイベントが間近だということになれば、シフトを配慮することもあるといいます。

同店は仲間同士も仲がいいことで知られており、お互いを知るために積極的に誕生会を主催したりして、コミュニケーションを取り合っているのです。このようにスタッフ同士の仲もいいので、相手を気遣う取り組みが自然と行われ、忙しい時には、スムーズに連携がとれているといいます。

リーダーを中心にリラックスできる雰囲気があるこの飲食店は、売り上げも非常に高く、連日お客様で賑わっているといいます。

強面で、部下を近づけないオーラを出していても、結局、それは自分の首を絞めることになります。それよりも部下がそれぞれの長所や個性を発揮して素晴らしい仕事を達成できるように、環境を整えるのがリーダーの役目なのです。まずは頼れるアニキを目指して、部下に接することが大事です。

Point

リーダーを中心に、リラックスできる雰囲気のチームは強い

「責任はとるから思い切りやってみろ」と言う勇気

最近は勝手に部下に仕事を丸投げしておいて、うまくいったら儲けものという感覚で自分の手柄にし、失敗したら責任を取らせるというダメリーダーが増えています。

もちろん、こんなリーダーの元では、部下は育つどころか萎縮する一方。それぞれの個人のレベルに合わせて仕事を見極め、いったん任せてしまえば、いちいちあれこれ部下の動向を心配しても、部下のやる気が削がれるだけです。ここは思い切って、「責任は私が取るから思い切りやってみろ」と伝えることです。そうすれば、部下も自信を持って奮い立ち、仕事をこなすことができるはずです。

他にも「君を信頼している」「君は良いセンスをしている」「君はよく仕事ができる」「君は必ず出世する」など、部下が感動する「魔法の言葉」は、部下の最大限のやる気を引き出します。また、難しい仕事を、時として、率先して、手本を見せて上げることも重要です。個人面談をして心に引っかかるところがあれば、できるだけ日々の仕事ですくい取ってあげて、自信をつけさせるということです。

Point

部下が自信を持って奮い立ち、仕事をこなすことができる環境を作ること

上司を上手にマネジメントする技術

神リーダーはまた、自分の上司をうまくマネジメントする能力も高い人たちです。彼ら

に共通しているボスマネジメントでは、上司が困っていたり悩んでいる、苦手な部分を見抜いて、率先して自分がそのサポートに回ることを行なっています。自分を助けてくれる部下ですから、重用され、さらに出世をしていくことになるのです。

では、どのようにボスをサポートすべきか？　それは、これまで学んだリーダーシップやマネジメントを実践するだけでいいのです。たとえば、リスクの先読みというのがあります。

唐突ですが、ここで問題です。あなたはあるメーカーの中間管理職で、新しい上司があなたの営業部署にやってきたとします。上司は、顧客の挨拶回りをしようとしています。このときに、あなたが上司にアドバイスすべきことは何でしょうか？

上司は特に懇意にしているお客様の情報を持っていないわけですから、どの順番でお客様を回るべきか助言すべきでしょう。あなたの上司が神リーダーであれば、そのようなことをしなくても、真っ先にあなたに、会社として大切なお得意様が誰かということを聞いてくると思います。

しかし、あなたの上司がダメリーダーならば、あなた自身がアドバイスをしなければ、気分を悪くするお客様もあったりして、問題が起きると考えられます。現場の状況をつぶさに伝え、上司をサポートしてあげるのが神リーダーの役割なのです。

あなたの上司に、仕事ができない上司が就くこともあるでしょう。しかし、だからといって、バカにするのは、神リーダーのすべきことではありません。むしろ、課のメンバー全員でサポートすべきです。

あなたが上司と部下との間に入って、メンバー全員でバックアップするように対応すれば、上司からの評価が上がるだけではなく、部下からの評価も高まるのです。上司のための応援団を引き連れる人になることが大切です。

私の場合も、優秀な部下たちで構成された「平成の三木チルドレン」たちに本当に助けてもらいました。今でも感謝しています。

Point

上司のマネジメントに長けるコツは、上司のためにリスクを先読みしてあげること

第4章

どんな相手でも必ずYESと言わせる「神」交渉術

相手への「愛」なき交渉は必ず決裂する

第3章では、「神」マネジメントについてご紹介しましたが、第4章では、「神」交渉術についてご紹介します。

神リーダーシップに欠かせない能力の一つとして、コミュニケーション能力があります。このコミュニケーション能力は、相手の気持ちを先読みし、相手の最も望んでいるウォンツの部分を引き出し、それに対応するための提案を行い、人を導くことができる一連のコミュニケーション能力のことを指しています。それは、一種の交渉術といえます。そして、この「神」交渉術を身につければ、どんな世界に行っても、確実に成果を挙げられる人材になることができるのです。

しかし、何も難しいことはありません。これまで学んできた神リーダーシップを思い出してください。神リーダーシップとは、次のようなものでした。
「目標や目的、ゴール地点を見つけ、チームや組織をそれに向かって、メンバーを導くこと」です。

実は、交渉も根本的には同じことです。交渉とは利害対立が起こっている関係者同士(二者または複数)がお互いに利益を最大化して、妥協点を見つける行為のことをいいます。よく交渉では、落とし所を見つけろ、と言われます。落としどころに向かって、交渉関係者が、お互いに妥協しながら、協力しあって、いかにその落としどころ(ゴール地点や目標)にたどり着けるかということがとても重要なのです。

実はこれは、神リーダーシップのスキルそのものです。神リーダーシップのスキルがあれば、交渉をうまくまとめるのはとても簡単なことです。そして、前章で紹介したような「神」マネジメントを応用して、交渉相手の信頼感を勝ち取ることができれば、交渉は必ず成功します。

交渉にも神リーダーシップの「愛」が必要です。相手を自分の家族だと思って、その人の立場を尊重することが大事です。愛にあふれる信頼関係を築くことができれば、お互いの利益が最大化して、お互いに利害が一致するので、どんな人でも喜んで交渉結果に対し「Ｙｅｓ」と言ってくれるのです。

Point

交渉前に、まず、愛にあふれる信頼関係を築くこと

自分の利益だけ追求していては、交渉は決してまとまらない

交渉にはいろいろなタイプがあります。

自分の立場が、相手と比較して圧倒的に有利な場合、自分の利益だけを狙う交渉があります。相手を徹底的に脅し、威圧して、自らの利益を最大限にする交渉する方法もありま

す。こういう交渉を「利益重視型交渉」といいます。

しかし、こうした利益重視型の交渉は、結局のところ、冷静に考えてみると実はお互いの利益が最大化されているとは言い難いケースがあるものです。

「囚人のジレンマ」という理論があります。

ある事件が発生し、容疑者としてAとBが逮捕されました。AとBは共犯であるために別々に、拘置されて取り調べを受けています。お互いに検事の取り調べに対して、お互いがどのような態度を取るのかわかりません。

検事はこの事件の早期解決のため、ある司法取引を容疑者であるAとBに提案しました。それは次の3つです。

❶2人とも黙秘すれば、懲役は1年ずつ（微罪で罰するしかないため）

❷2人とも自白すれば、懲役は2年ずつ（罪が確定するため）

❸1人が自白し、1人が黙秘すれば、自白した者は釈放されるが、黙秘した者は懲役3年となる（黙秘したものは罪を隠そうとしたため）

A＼B	黙秘	自白
黙秘	A：1年	A：3年
	B：1年	B：0年
自白	A：0年	A：2年
	B：3年	B：2年

この場合、お互いに最も利益があるのは、2人の容疑者が協力し合って黙秘する場合です。

ところが、お互いにコミュニケーションを取ることができず、自己の利益だけを追求しようとすると、お互いにお互いを裏切る行動を選ぶことになり、利益は少なくなってしまうのです。

たとえば、容疑者Aが最も利益を得られるのは、自分が自白をして相手が黙秘を続ける場合です。一方で容疑者Bが最も利益を得られるのも、自分が自白をして、相手が黙秘を続ける場合です。

お互いが自己の利益を最大化しようとして

自白を選べば、❷のお互いが自白することとなり、お互いに懲役が2年で確定してしまうのです。お互いに利益を最大化しようとして行動すると、結局のところ、利益を最大化できないというジレンマなのです。

実は、現実の交渉においてもこのゲーム理論と同じことが発生します。

お互いに信頼関係を築いていない状態で交渉を行っても、最悪、決裂してしまうケースがあります。交渉に必要なのは、落とし所を見分け、そこに利害関係者を導くリーダーシップと、相手のことを信頼し、その導きをお互いに受け入れるというマネジメント能力が必要になるのです。

神リーダーシップと神マネジメントを身につけていれば、「神」交渉は自ずとできるものです。そして、神交渉術を身につけることができれば、他社との交渉だけでなく、社内の交渉でも活用することができます。

Point

お互いの信頼関係を構築した上で、両者Win-Winとなる落とし所を見い出し、合意に導く

150人のアメリカ人社員を従わせた、たった一つの方法

私が神交渉術を本格的に意識して活用したのは、私がアメリカに出向した時でした。

前述したように、1991年5月から1995年の7月まで私は、エンジニアリング・マネージャーとしてアメリカに出向していました。

そのときに日本から出向したのは、私と社長の二人だけでした。アメリカ現地法人には150人の従業員がいましたが、文化も価値観も違う相手に信頼してもらい、どのようにコミュニケーションを取るのかというのが大きな課題だったのです。彼らの信頼を得るた

めに私が考えたことは、自分が何を求められているのかということを徹底的に考え抜くことでした。

交渉において、最も重要なことは双方における利害関係をきちんと把握することです。もちろん、グループ会社なので、彼らとは争っているわけではありませんが、異文化の人たちと関係を良好にするということにも交渉術は活用できます。

私はその時、彼らがどのようなことを望んでいるのか、利害に注目をしたのです。言葉だけでアメリカ人の心を掴むことは不可能です。口先だけでいくら信頼していると伝えても、信頼関係を構築するまでに、長い時間がかかるでしょう。私は彼らとの信頼関係を築くためにも、行動で示すしかありませんでした。

日本の本社から来た自分に、何が求められているのか？　ということを日々、考えながら、工場を見て回りました。ある時、工場でのトラブルシューティングに彼らがとても苦労をしていることに気がつきました。

彼らは工場で故障が発生すると、暫定的に打てる対策（応急処置）を立てておくものの、それ以上の手を打たないことがわかりました。トラブルシューティングにおいて、暫定的に打てる対策を立てるだけでは、不十分です。同じトラブルがまた起こる可能性があります。

そこで恒久的な対策が必要なのですが、それを考え、実行する責任者がいませんでした。そこで、私が率先して行ったのです。もちろん、恒久対策は、すぐには見つかりません。そこで、暫定対策を打っておいて、それとともに、恒久対策を考え実行するということを案件ごとに瞬時に行うようにしていました。

そのような細かいケアは、私たち日本人の長所としてとても喜ばれました。トラブルシューティングの実績があってから、アメリカの社員たちが、私のことを尊敬の念を持って信頼してくれるようになりました。

交渉においては、相手が何を求めているのかを考えることがとても重要になります。相手が本当にやってもらいたいこと、相手が本当に望んでいることを考え、こちらから率先して提供してあげることで、相手の信頼を勝ち取ることができます。相手から信頼を置かれれば、その後の交渉も非常にスムーズになるのです。

Point

相手の弱い所を補完してあげることで、信頼を勝ち取ることができる

表情だけは、ごまかせない

では、相手の心を読み取る場合、具体的にどのようなことからそれを見抜けばいいのでしょうか？

私が相手の心を読もうとする時、最も注目しているのは、相手の表情です。

実は、人間の感情というものは、顔に表れることが多く、身体には表れにくいと言われています。その人の感情を見抜くためには、顔の表情がどのように変化しているのかに注目すべきなのです。

たとえば、本当は怒っていたりイライラしているのに、それを隠そうとする時。表情でそれをどうしてもコントロールができないところがあります。

それは、眉と口の周りです。

『表情分析入門』（ポール・エクマン／W・V・フリーセン著・誠信書房）にも書かれているように、自分の感情を隠すために、表情を擬態することがあるのですが、目の周りの眉の周辺と口周辺は表情のコントロールが効きにくいとあります。ですから、私は交渉においては、その部分を特に注意して見るようにしています。

例えば、言葉上はフレンドリーな対応をしてくれていても、眉間にシワを寄せている場合は、相手は何か条件に不満があることが見て取れます。そのようなときには、こちらを見ないというケースもあります。

目の周りは特に重要で、瞼がどれだけ緊張しているのか、目が出ているのかというところで、怒りの度合いを判断することもできます。悲しいとか、失望をという気持ちを表現しているときには、視線を下げる傾向があります。このため相手と視線が合わない時もありますし、わざと逸らされるケースも存在します。何か我慢をしていたり、ちょっと言いたいことがあったりする場合は、口元が硬くなるものです。口元をぎゅっと絞る人もいます。

目そのものを観察するというのも重要です。その人が興味を持ってくれているという話をすると、目力が強くなり、黒目の部分が多くなり輝くこともあるのです。

その人の性格や価値観によって、表情の度合いというのは、また変化があります。もともと感情を抑えるような人であれば、あまり表情に変化は大きく見られません。だからこそ、そのような人と交渉をする場合には、表情の観察をよく行わなければいけないのです。

Point

表情だけはごまかせないので、相手の心を読むには「ハビット・リーディング」が有効

身体の動きは、感情と連動している

「表情はその人が抱える気持ちを表している」ということが、ご理解いただけたかと思います。では、身体は何を表しているのでしょうか。

実は身体は、感情の処理の方法を表現しているのです。ですので、その人の身体の動かし方から感情を逆に読むことができます。

たとえば、頬杖をついている人は、「退屈だな」とか「つまらない」という気持ちなのでしょう。

貧乏ゆすりをする人は、心の中で、すぐにでも行動を始めたいと思っていることが伺えます。はやる気持ちを抑えているので、「イライラしている」と考えられますし、「早く結論を出してほしい」という気持ちを抑えていると考えられるのです。

相手の姿勢も、相手の気持ちを表すポイントになります。交渉のテーブルについた時に、殿様みたいにふんぞり返っている人もいます。身体は「こうしたい」という気持ちを表しているのですから、自分に有利に交渉を進めたいという気持ちを表現しているということが言えます。交渉時に前のめりになったり、盛んに座り直したりして、前に出てくる人もいます。それは、興味があるから前に出てくるのであって、こちら側が提案している内容に興味を持ってくれていると判断しても良いと思います。

交渉相手の身体の動かし方にも注目すべきです。もちろん、こういった身体の動きは表情と同じで、性格によって大きな変化があります。

アメリカ人は、よく身体動作を使って自分の気持ちを表現します。身振りや手振りが大きいですし、中には交渉の途中で机を叩き出す人もいます。

アメリカ出向時、顧客との価格交渉時に、同席していた同僚のアメリカ人営業マネージャーのCさんが、しゃべりながら両手を頭上に掲げ、両手の人差し指と中指を相手側に向け、同時に「クイクイ」と二度前に曲げるのです。まるでウサギの真似をしているのではないかと思わせるしぐさです。アメリカ滞在3年目で、語学力が伸びたつもりでいた私でも初めての光景で、何を意味しているのかまったくわかりませんでした。

顧客との交渉後、さっそくCさんに、そのジェスチャーの意味を聞いてみました。

「私の話している内容には、天に誓ってうそ偽りはありません」と、自分の説明している価格の妥当性に関してジェスチャーで強調した上で、誠心誠意、顧客と交渉していたのだと聞き、感心したものです。


また、ロシアのプーチン大統領のように、わざと交渉の時間に遅れてきて、相手をイライラさせ、感情的に追い詰めたりする人もいます。

冒頭から、「今日はすべてのミーティングが終わるまで4～5時間はかかりますよ」と脅しをかけてくる人もいます。また、「今日はとても忙しいので、10分で要件を話してください」という人もいます。手ごわいぞと相手に思わせるためです。そうした場合は、怯まずに、小さなことでいいので合意に至ることができそうなことから交渉を進めるようにします。

Point

相手の身体の動かし方から感情を読み取り、交渉を有利に進めることができる

まずは小さな要求から始めよう

小さな要求から始めて行って、それに関連する大きな要求を承諾させる交渉の方法にFoot in the Door（フット イン ザ ドア）と呼ばれるテクニックがあります。営業マンが訪問先のドアに足を入れて話をスタートし、最終的に契約を取ることを表現した交渉術の一つです。

人には、一度承諾を与えると、その承諾を翻すということを躊躇する「一貫性の法則」というものがあります。過去に自分が承認したことを翻すというのは、社会生活を営む上でタブーとされていることなので、一貫した態度を取り続けたいという潜在意識があるのでです。

難しい交渉では、交渉を有利に進めるためにも、小さな承認をもらうための提案を用意しておくことは大事です。ですから、交渉に臨む前に、どのような順番でどれから交渉するかということをある程度、シナリオとしてまとめておくことが必要です。「ちょっと難しいな」と思うようなテーマの交渉であれば、交渉相手が心理的にハードルが低いと思われているものの交渉を先に進めたほうがいいでしょう。

ですから、交渉に際しては承認をするのに、心理的にハードルが低い商品やサービスを用意し、それに関連する商品やサービスを徐々に提案していくという方法を考えましょう。

Point

交渉を成立させるためには、まずは小さな承認をもらうことが先決

交渉する時は、決定権者を逃さない

交渉をスムーズに進めるためには、決定権を持っている人と話すというのが原則です。なぜなら、決定権を持っていない人と交渉をしても思い通りに進まないからです。

決定権者というのは、行なっているビジネスによって大きく変わります。一般的には発注担当の方、もしくは、発注の権限を持つ方との面談が重要となります。

業態によっては、権限を持っている人の部署が違うことがあります。リーダーとしては、誰が決定権者なのかを見極めることも大切な仕事です。一般的に、発注の権限者は資材・調達担当ですが、会社により製造・技術担当の場合もあります。そのような方々と常日頃から打合せをして、真のニーズ、ウォンツをつかむことが重要です。

神リーダーは、決定権を持っている人を探すのがとても得意です。たとえば、ソフトバンクホールディングスの創業者である、孫正義さん。

孫さんは、決定権者を探して、非常に効率的な交渉をすることで有名な方です。

孫さんの交渉エピソードの一つに、学生時代、自分で開発した電子翻訳機をある大手企業に売り込みに行ったことがあります。もちろん、当時の孫さんには大手企業に知り合いなどいません。

孫さんは、そこで弁理士協会に連絡しました。コンピューターの特許に強い弁理士を紹介してもらい、その弁理士から大手企業の決定権者であるキーマンを紹介してもらうのです。キーマンを狙い撃ちすることで、彼は1億円の契約を取ったそうです。

もし、決定権者を探さずに、行き当たりばったりで営業に行ったらどうなるでしょうか？　門前払いになることは確実です。そうすれば、営業に行っている時間がムダになってしまいます。そのようなことを避けるためにも、キーマンを探し出すことはとても大切なのです。

Point

交渉をする時には、どの人が発注の権限を持っているかを見極めることが重要

「口グセ」で相手の思考を読み切る

相手の感情を読むときに、注目すべきなのが、表情、身体、そして言葉です。

通常、相手と共有する時間が多ければ多いほど、相手の考え方やクセ、信念というものは理解しやすくなります。しかし、顧客や取引先、利害関係者などと交渉する時には、そもそも話を聞いている時間がそれほど多くありません。

そこで私は、「口ぐせ」を読むことにしています。ビジネスにおける口ぐせは、無意識のために、その人の本音が出やすいのです。

たとえば、「この件は、ちょっと上司に相談します」など、交渉をしているとその人の口ぐせが必ず出てきます。本当に興味があって、決裁者の指示を仰ぎたいのか、それとも単に先延ばしをしているだけなのか、いろいろあると思います。

交渉中に仮に前のめりの状態で、こちらの提案を聞いていて、この言葉が出てきたのであれば、本当に前向きに進めようと考えているかもしれません。しかし、表情や身体動作から、あからさまに興味がないと思われるものについては、答えを先延ばしするための常套句にすぎません。このように口ぐせから相手の考え方や心を読むことは非常に重要です。

Point

ビジネスにおける口ぐせは、無意識のために本音が出やすい

相手の立場を尊重しつつ、交渉を有利に進める

冒頭にお話ししたように、交渉というのは、自分だけが有利になろうと思って進めると、得られる成果は非常に少ないものです。ですから、相手の立場を考えて交渉を進めると有利になることがあります。ここでは、3つの相手の事例を紹介しましょう。

❶とにかく価格にこだわる相手

商品の品質やサービスよりも、価格重視で「値下げしてほしい」というタイプがいます。このような人は、上司から言われたことをそのままあなたに伝えていることがあるのです。

そのような場合は、相手の主張を突っぱねるのではなく、上司への立場が保てるように、1、2点でもいいので、利益のある商品・サービスを値下げしてあげます。交換条件として、できるだけ多くの商品の購入量を増やしてもらいます。

その相手は目の前の価格を何とかしてほしいと主張しているのですから、全体の売上については、あまり関心がない場合や注目していない場合もあります。そこで、こちら側としては年間の売上金額と営業利益は増えるように年間契約に持ち込むことができれば、しめたものです。

❷即答を避ける相手

契約を結ぶ段になって、「上司に相談して回答します」とその場の返事を避ける人もいます。

決定権者は担当者の上司であり、その人と直接交渉をしなければ事態は動かない場合もあります。しかし、担当者を無視していいということではありません。まずは、その担当者の思いや、目標値などをうまく引き出してみることです。

次に、上司の考えと目標値をうまく聞いてみることも重要です。そして、その上司の要望事項をかなえてあげることが商談につながります。つまり、「協力者」になってあげるということです。敵対者ではなく、その人の協力者になってあげれば、こちらの主張をすんなりと通してくれる場合もあります。それでも、どうしても先に進まない場合、その上司との面談を申し入れ、直接上司の要望事項を確認することです。

❸会社の愚痴を言う相手

このような相手に対しては、基本的に協力者の立場をとることが重要です。

ただし、非常にセンシティブな対応が必要です。顧客と一緒になって、顧客の会社の悪口を言ってはいけないことは言うまでもありません。一番良い対応は、顧客の悩みをうまく聞いてあげること、つまり「聞き上手」に徹することです。もし機会が作れるならば食事にお誘いして、ゆっくり顧客の悩みを聞いてあげることです。あなたがその顧客の相談相手になることで、あなたに対する顧客の信頼度が上がり、売上アップにつながることは言うまでもありません。

Point

交渉を有利に進めるには、相手の立場を尊重し、部分的にでも満足させてあげることが大事

率先して「顧客の営業部長」になれ

会社の存在意義は、商品の販売あるいはサービスの提供などで売上を上げ、利益を出すことにあります。

究極的なパートナーシップとは、両社の売上も、利益も上げることです。思い切って顧客の営業部長になったつもりで、顧客の商品の販売に貢献する提案をするとよいでしょう。それが、あなたの会社で購入できる商品・サービスならば最高です。

私も営業担当役員時代、顧客とのWin-Win（両社の成功）を考え、顧客の商品を購入して自社の工場に設置したことがあります。

当時、東日本大震災の復興支援として、東北の工場にソーラーパネルの設置を検討していた際、最終的にお世話になっていた顧客から、会社の正式な購入手続きを踏んだ上でパネルを購入し、工場建屋の屋根一面を覆いました。

その会社の製品を選んだ理由は、性能がいいのは当然ですが、担当部長の熱いパートナーシップを常々感じていたからです。また、いつも会社の製品を購入していただき、いつかお礼をしたいと考えていたからです。その部長は常に部下の将来を考え、愛情を持った厳しい指導方法により、将来有望な課長を次々と育てておられました。その方の人材育成方法は、まさに神リーダーの手法であると思っていたのです。

また、他の東証一部上場企業の顧客からは、工場拡張の際に同じく会社の正式な手続きを踏んだ上で、顧客製品である高性能電線ケーブルを購入させてもらいました。さらに、顧客商品の購入顧客になりうるポテンシャルのある会社も、たくさん紹介させていただきました。

このように、顧客商品の購入や顧客紹介の努力が高く評価され、顧客からの絶大なる信頼を得て、顧客からの発注量を倍増していただけることになりました。つまり、本当のパートナーシップとは、顧客のことを考えて、その顧客会社の営業部長になったつもりで、アクションを起こしてあげることなのです。

Point

本当のパートナーシップとは、顧客の事を考え、営業的アクションを起こしてあげること

必ず相手の名前を呼んで対応する

お互いのパートナーシップを築くためには、どんな相手であっても、その相手を尊重することが大切です。

交渉の鉄則として、「交渉相手と信頼関係を結ぶには、相手を『良識を持っている人物として扱え』というものがあります。

アメリカの連邦捜査局（ＦＢＩ）で、テロや大量殺人犯、誘拐犯と交渉するプロの交渉人がいます。彼らが犯罪者と交渉するときには、相手に敬意を持って、まず相手の名前を、敬意を込めて「さん付け」で呼ぶことが鉄則だそうです。相手を見下したような態度を取れば、そこで交渉がつまずく可能性があるからです。

ところが、多くの場合は自分の地位が上がると、自分よりも下の職位の人が交渉に来ると相手を軽んじる傾向があるのです。これではいけません。

私は、その面談で参加した人の名前を覚えて、どのポジションで参加しているかということを正しく把握した上で相手と接することにしています。名前と顔が一致するように、名刺を席順に並び替えます。そして、相手と接する際には、敬意を込めて、名前を呼ぶようにしているのです。

たとえば、参加者が5人いるとしましょう。メインでお話する人以外に、会話をしないということがあると思います。ところが、それでは自分のことを相手に印象付けることはできません。

そこで、私は面談の残り10分で、残り4人の名前をお呼びし、ご経歴、出身、趣味などを確認して、その人の特徴を把握しています。それを名刺に記載して、次回、お会いした時に、必ず、名前を読んで話しかけてあげるようにするのです。つまり、どんな相手とも一期一会を心から大切にするということです。このような対応の仕方をすると、気がつくと知らず知らずのうちに他社にもファンがたくさんできていました。

他社にファンが増えると、交渉が有利に働くことがあります。決定権者である人も、部下に意見を求める可能性があるでしょう。その時に、その部下があなたのファンであったらどうでしょうか？　その部下はあなたに有利な口添えをしてくれる可能性は高いと思います。

また、配置転換などで決定権者がその部下になることもあります。実際、あらかじめ注文を用意して待ってくれるお客様もいらっしゃいました。だからこそ、ファンづくりは非常に大事なのです。

最終的に交渉がうまくいくかどうか、その人の人柄にかかっていると私は考えています。だからこそ、交渉する時には感情の部分も無視してはいけないのです。

Point

相手の名前を頻繁に呼び、
心から対応するとファンが自ずと増える

第5章

会社の利益を無限に伸ばし続ける「神」チームづくり

「神」チームは部下へのたえ間ない感謝から生まれる

最終章は、利益を常に生み出し続ける「神」チーム作りについてお話しします。

これまで紹介してきた、リーダーシップのスキル、そして、マネジメントのスキル、さらには交渉術のスキルを一つずつ行なっていくことが、まず「神」チームづくりの第1歩となります。

チームに神リーダーが一人いれば、メンバーは神リーダーの行動を真似し始めます。そして、一人ひとりが、神リーダーになり、最終的に神リーダーの集団が、「神」チームとなるのです。

神リーダーを育てる原動力は、チームにどれだけ「愛」が芽生えるかがポイントになってくると私は考えています。マネジメントの章でも紹介しましたが、「成功を部下の手柄にする」ということができるリーダーの存在はとても大切です。

アメリカのマネジメント研究で、チームのメンバーのパフォーマンスを上げるためには、何が必要かを調べたことがあります。するとメンバーに強制したり、脅したりしたチームのメンバーのパフォーマンスは下がり、一方で、お互いが助け合いの精神を持ち、個人の自由に任せると、パフォーマンスが向上するということがわかっています。感謝の気持ちが最強チームを作り上げるというわけです。

自分の利益ではなく、チームの利益になるような行動ができるメンバーを育てることができれば、チームのパフォーマンスは最大限に向上します。そのようにしてチームの雰囲気を保つことが、チームづくりの上で大切なことです。

Point

無限に利益を生み出す「神」チームづくりには、「成功を部下の手柄にする」包容力のあるリーダーが必要不可欠

感謝はきちんと言葉で表す

チームのパフォーマンスを向上させる上で最も重要なことが、「感情に目を向ける」ということです。チームの中に共感の文化が醸成されていれば、あなたのチームパフォーマンスは最大になります。一方で、チームの共感度にリーダーが目を配っていない場合、チームのパフォーマンスは下がっていくのです。

私がお会いしてきた神リーダーたちは、皆が「常にチームのメンバーに感謝しています」と言っていたのが印象に残っています。

良い仕事をした時には、魔法の言葉である「ありがとう」「君のおかげで助かった」などと、常に感謝の気持ちを伝えることです。

リーダーが率先して行うことで、チーム内に感謝しあえる雰囲気をつくり出すのです。感謝の雰囲気がチーム内にあふれていると、皆チームのために2倍以上の力を発揮するものなのです。感謝し合えることで、利他の心が芽生えるからです。こうした助け合いの文化が生まれる組織は強いです。

上司へのごますりだけでは、永遠に神リーダーになることはできません。リーダーは、たまたま運が良かったと謙虚に考え、実践することが重要なのです。感謝の気持ちが充満すれば、いい環境をつくることができます。

Point

部下への感謝の気持ちを伝えることで、チームに助け合いのスパイラルが生まれる

結果をメンバーと共有することの大切さ

チーム全体のパフォーマンスを向上させるためには、どうすればいいのか？　これまで紹介した通りに、まずはチーム全体の目標を掲げ、そこに導くことが神リーダーとしてすべきことです。「神」マネジメントは、メンバーの実力を見極め、適材適所で仕事を任せるということになりますが、それだけでは、チーム全体のパフォーマンスは80〜90％ぐらいしか出せないでしょう。

本当のチームの底力を出すためには、あることを率先して神リーダーがやらなければなりません。それが、部下への感謝の気持ちを言葉にすることなのです。

部下が良い仕事をした時には「ありがとう」「君のおかげで助かった」と、常に感謝の気持ちを伝えることです。「成功を部下の手柄に、失敗を自分の責任にする」ことで、部下が自ずと、尊敬の念を持ってリーダーに導かれるようになるのです。

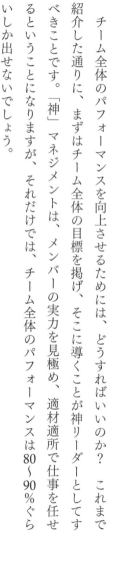

私の高校時代からの友人で、技術者であり経営者でもある優秀なKさんがいます。Kさんが、ある大手東証一部上場企業の取締役本部長に就任した時、ビジネスの関係もあり、打ち合わせでその会社に訪問していました。その夜、たまたま友人の誕生日の会があり、私は彼の友人ということで特別に飛び入り参加させてもらいました。

その時に、Kさんが約10人の参加者全員の紹介をしてくれたのです。

「Aさんはものすごく仕事ができて、この方の貢献でこの本部が大成長を遂げることができました」

「隣のBさんは工学博士で、非常に頭が切れて、いろいろな角度で物事を分析できる非凡な能力を持っている」

「Cさんは、部下に対する指導は厳しいが、指導力が群を抜いていて、どんなに難しい仕事でも短期間で成功に導いてきた」など。

全員の紹介を終えた後、友人は、「皆さんのおかげで、取締役に昇格できました。本当にありがとうございました」と結んだのです。まさしく、神の領域にあるリーダーだと思いました。その後数年、友人は異例の速さで代表取締役社長に就任しました。

2013年、楽天ゴールデンイーグルスがリーグ優勝した時、監督は星野仙一さんでした。エースの田中将大投手の活躍もあり、開幕戦から順調に勝ち進み、82勝59敗3分で2位の西武ライオンズと7・5ゲーム差をつけて優勝することができました。

初優勝した理由について、「選手一人ひとりが頑張った結果で、選手を褒めなければいけない」と、すべて成功の手柄をすべて選手に譲っていたのです。楽天はさらに日本シリーズでも4勝3敗で巨人に辛勝し、日本一になりました。最後は、シーズンを引っ張っていったエースの田中投手が見事三振に打ち取り、星野さんは自身も日本シリーズで初優勝することができたのです。

その時のインタビューで、星野さんは次のように語っています。

「田中将大のおかげで日本シリーズに出られたわけですから、最後はやはり、あいつが相応しいだろうと、彼に託しました。我々の選手は東日本大震災もあり、12球団の中で一番過酷な中で、この東北に日本一というものをプレゼントしてくれました」

インタビュアーが「監督も、初めての日本一ですね」と触れると、

「私のことなんてどうだっていいけれども、9年目で日本一になったのはこれは選手のおかげ。よく私の罵倒に耐えたなと思います（略）。この7連戦ひたむきに頑張ってくれた選手に対してもう一度、盛大な拍手をお願いします」

と締めくくりました。得られた結果をすべて部下に譲る、これこそ神リーダーシップの真髄と言えます。このインタビューによって、星野さんは伝説になりました。

Point

常に感謝の気持ちを伝え続けることで、部下が自ずと尊敬の念を持ってリーダーについてくる

チームに賭ける覚悟があれば、自分に逆風が吹いてもメンバーを導ける

ただ、星野さんが楽天の監督に就任した当初は順風満帆ではありませんでした。

東日本大震災で、選手との信頼関係に亀裂が入っていたのです。ちょうど震災が起きたとき、オープン戦でチームは遠征先にいました。多くの選手は「野球どころではない」と仙台へ戻ることを望んだと言います。

しかし、そのことを星野さんは受け入れませんでした。震災で混乱している時に、戻っても何もできない。それならばプロとして練習を続けるべきだ、と伝えたのです。被災地に本当に届けるべきなのは一時的な優しさではなく優勝を届けなければ意味がない、と。

ところが、これに対し、選手たちは猛反発。「監督にはついていけない」という声まで出たといいます。ファンとの溝も深刻でした。厳しい姿勢や言葉で、チームやファンの心をまとめ、闘将の異名をとっている星野監督ですが、仙台では当初はなかなか受け入れられませんでした。そのような過酷な状況であっても、星野さんは、優勝への信念を忘れな

かったと言います。被災した東北への思いがとても強かったからでしょう。

星野さんは、「物は戻っても、心が前向きにならないと復興じゃない。特に、子どもたちは強い者に憧れる。東京五輪じゃないが、楽天の初優勝という歴史を感じさせたかった」と語り、優勝への思いを新たにしたといいます。神リーダーに共通する、強い目的意識です。

その目標を達成するために、星野さんは、自分の監督生命を賭けました。

選手人事にも躊躇なくメスを入れ、チームの柱となる若手の人材を見つけ出し、育てることにとにかく注力したと言います。そこから後の星野チルドレンと呼ばれる、銀次選手や枡田慎太郎選手、藤田一也選手、岡島豪郎選手の若手を次々と抜擢し、チームの若返りを計ります。また、ヤンキースからは、ジョーンズ選手やマギー選手を入団させ、チームの攻撃力を高めました。そして防御には、プロ野球史上初の「無敗最多勝投手」である田中将大投手が大活躍したのです。

すべてを賭けて優勝を目指した星野さん。その裏では監督室で疲れ果て、試合直前まで眠ってしまうこともあったそうです。しかし、部屋を一歩出れば、選手を叱咤激励し、時に褒めながら冗談を飛ばすこともあったといいます。

このように神リーダーは、チームの成功をメンバー一人ひとりのおかげだと感謝し、それを実際に態度で表し、感謝の気持ちを口に出して伝えることを欠かしません。この神リーダーの感謝によって、メンバーは奮い立つのです。

Point

神リーダーの本気の感謝の言葉がけが、厳しい場面でもメンバーを奮い立たせる

部下への感謝は、人前で公表せよ

「ダメリーダーは人前で部下を叱り、神リーダーは人前で部下に感謝する」という私の経

験則があります。

メンバーがチームの目標に沿って行動していなければ、そのメンバーに気づきを与える必要はあるでしょう。ただ、個人攻撃のように怒るのでは、その人の自信を喪失させるだけです。あくまでもチームの目標を達成するために、気合を入れ直す叱咤激励は、人前でもいいと思います。

そして、感謝は星野監督が行なったように、人前でこそすべきです。

たとえば、顧客からのクレームの対応処理で部下がいろいろ、原因を推定して、対策を打つとします。その対応がとても素晴らしく、処理ができた場合には、皆の前で感謝の念を伝えるとともに、チーム全員の前で褒めてあげることが大切です。

これによって、部下も感謝してくれますし、チーム全体で大きな気づきを得ることができます。そして、最も大きいのは、リーダーである自分がそのように部下に感謝をすることで、その部下がリーダーになった時には、同じように部下に感謝をするというプラスのサイクルが生まれるということです。

Point

部下への感謝の気持ちが、部下がリーダーになった時も「感謝を送る」という正のスパイラルが生まれる

「部下のために」上司とかけ合えるか

子どもが親の言葉ではなく、親の行動を信じるように、部下も上司の言葉ではなく行動を信じています。

ですから、いくら口先だけで「私は部下を信頼して任せている」と言っていても、行動が伴っていない状況では、部下の信頼を勝ち取ることは難しいでしょう。

では、どのような行動をすれば、信頼に値すると部下は判断しているのでしょうか？

それは、自分のために、行動してくれる上司です。特に、自分の意見や主張などを上司とかけ合ってくれる課長ほど、頼りがいのある上司はいないと言えます。

たとえば、あなたがある課の課長職で、自分の信頼している部下を係長に昇格申請をしたとします。あなたの上司である部長は、あなたの部下に対してあまり評価していないとします。自分の意見と上司の意見が合わない場合、あなたはリーダーとしてどのようにふるまいますか？

上司の意見を尊重して、「ごもっともです」と引き下がりますか？　もし、そのまま引き下がれば、部下のあなたへの信頼は大きく損われることになります。神リーダーは、すんなりとは引き下がりません。

リーダーが部下を昇格させるには、きちんとした客観的な理由が必ず存在しているはずです。その部下を昇格させることで、課のパフォーマンスが2倍になるなど、客観的な数字を用いて上司を説得にかかるでしょう。客観的な数字がない場合でも理由を挙げて、彼の良さを上司に伝えるはずです。

彼がいなければ若手の取りまとめは難しい。一部では、コミュニケーションに問題があるとか、人の上に立てる器ではないなどの噂があっても、それはあくまでも年上の先輩のやっかみにすぎません、と彼のために話をしてあげるのです。

そうやって部長に掛け合って、昇格が決まれば、チームの士気は大いに上がります。体を張って自分をサポートしてくれる上司に、部下はついていくものです。こうした話が社内で広まれば、チームはさらに強固にまとまっていくのです。

Point

部下のために本気で上司とかけ合うことで、部下の真の信頼を勝ち取ることができる

おわりに

本書をお読みになられて、どのような感想をお持ちになりましたか。

鳥の目を持つ経営者目線で部下を導く自信がついたでしょうか。

「神リーダーシップ」を手にするには、超人間的な能力は必要ありません。「先読み力」「決断力」「適応力」の3つのビジネススキルを訓練により手に入れ、「包容力」「情熱力」「指導力」の3つの力を意識してマネジメントすれば良いのです。

神リーダーシップの実践は、すなわち、人生のリーダーシップを取ることでもあります。そうすることで仕事も楽しくなり、幸せな生活、人生を送っていくことができるのです。

本書を手に取って下さったマネジメント層またはその予備軍の方々が、「神リーダーシップ」のスキルを手に入れることで、必ず、日本も元気になると確信しています。これからの日本の成長を願ってやみません。

今回の本の執筆に当たり、推薦の言葉を下さった、株式会社SUMCO取締役副社長の降屋久さんおよび、住友電気工業株式会社元常務執行役員の横川正道さんには、心より御礼申し上げます。

また、出版のきっかけを作って下さった、ネクストサービス株式会社代表取締役の松尾昭仁さん、また、初めての出版にあたり、懇切丁寧に、情熱を持って対応して下さった、実務教育出版の小谷俊介さんとライターの宇治川裕さんには、本当に感謝しています。

そして、私に「神リーダー」の素養を授けてくれた亡き両親（起業家の父親と慈悲深い母親）と、いつも献身的に私を支えてくれている妻と二人の息子たちに、改めて感謝の意を伝えたいと思います。

最後になりましたが、この本を手に取って読んで下さり、自信に満ちあふれた「神リーダー」になった皆さんに、いつの日かお逢いできます日を、心より楽しみにしています。

2017年10月

絆コーポレーション株式会社　代表取締役

三木相煥

参考文献

「成功への情熱」（稲盛和夫著・PHP研究所）
「敬天愛人」（稲盛和夫著・PHP研究所）
「不況に克つ12の知恵」（松下幸之助著・PHP研究所）
「情熱・熱意・執念の経営」（永守重信著・PHP研究所）
「『人を動かす人』になれ！」（永守重信著・三笠書房）
「迷ったときは、前に出ろ！」（星野仙一著・主婦と生活社）
「選手たちよくやった！」（星野仙一著・日本放送出版協会）
「井村雅代コーチの結果を出す力」（井村雅代著・PHP研究所）
「The 7 Habits of Highly Effective People」（Stephen R. Covey）
「図解入門ビジネス最新交渉術の基本と実践がよ〜くわかる本」（宇治川裕著・秀和システム）
『Help the Helper: Building a Culture of Extreme Teamwork』Kevin Pritchard and John Eliot

【著者略歴】

三木相煥（みき そうかん）

リーダーシップを極めた技術経営コンサルタント
絆コーポレーション株式会社代表取締役
1957年、岡山県倉敷市生まれ。倉敷青陵高校、岡山大学工学部卒業後、「等方性黒鉛」という高機能カーボンで現在世界トップシェアの東洋炭素株式会社に入社。東洋炭素USAに出向時、効率に裏打ちされたアメリカ式マネジメントの圧倒的な生産性の高さを目のあたりし、貪欲にマネジメントスキルを高める。
帰国後、課長としてマネジメント偏重型の「鬼リーダー」として部下を厳しく指導するも結果に反比例して部下の士気が下がり、リーダーシップの重要性に気づく。そこで、今までに出会った1万人以上のリーダーのエッセンスを研究し、マネジメントとリーダーシップを融合させた「神」リーダーシップに目覚める。
その後、社員初の製造部門・新素材開発プロジェクト部門・エンジニアリング部門・品質保証部門・営業部門という5部門の部長を兼務・歴任し、圧倒的な生産性で前人未踏の営業利益を達成する。2003年、最年少の45歳で役員に就任。数多くの部下を「神リーダー」に覚醒させる。
会社の成長を見届けた後、2014年、絆コーポレーション株式会社を設立。リーダー育成・利益増大・品質向上の専門家として多くの企業を成功に導き、東証一部上場企業からも高い評価を得ている。

三木相煥オフィシャルサイト
http://www.kizuna-corp.jp

「神」リーダーシップ

2017年11月10日　初版第1刷発行

著　　者　三木相煥
発 行 者　小山 隆之
発 行 所　株式会社実務教育出版
163-8671　東京都新宿区新宿1-1-12
電話　03-3355-1812(編集)　03-3355-1951(販売)
振替　00160-0-78270
デザイン　小口翔平・上坊菜々子（tobufune）
D　T　P　株式会社キャップス
編　　集　小谷俊介（実務教育出版）
編集協力　宇治川裕
企画協力　松尾昭仁（ネクストサービス株式会社）

印刷所／壮光舎印刷株式会社　製本所／東京美術紙工

ISBN978-4-7889-1449-0　C0034